ELAINE CARNEY GIBSON

Das eigene Familiensystem verstehen

GOLDMANN

Buch

Ganz gleich, wie die Beziehung zu der eigenen Familie aktuell aussieht, die Familiendynamik hat einen enormen Einfluss darauf, wie wir uns fühlen, wie wir uns der Welt gegenüber präsentieren und wie wir mit anderen umgehen. Von Mythen, Geschichten und Geheimnissen in der Familie über unausgesprochene Regeln, Rollen und Muster: Wenn uns die Dynamiken und familiären Rollen nicht bewusst sind, bleiben wir meist an sie gebunden und werden eventuell durch sie belastet.

Wenn wir die Dynamiken jedoch an die Oberfläche bringen, können wir dieses Wissen nutzen, um uns zu verändern, zu wachsen und ein erfülltes Leben zu führen. Dieser leicht verständliche Leitfaden unterstützt anhand von Beispielen aus der Therapeutenpraxis, aufschlussreichen Übungen und Reflexionsfragen dabei, sowohl sich selbst als auch die eigene Herkunftsfamilie besser zu verstehen. Die Autorin zeigt darüber hinaus kraftvolle Wege auf, wie wir Wunden der eigenen Vergangenheit heilen und gleichzeitig unsere eigenen Stärken wertschätzen können.

Autorin

Elaine Carney Gibson ist seit mehr als vier Jahrzehnten praktizierende Psychotherapeutin. Ihre Klienten sind Einzelpersonen, Paare und Familien. Darüber hinaus unterrichtete sie viele Jahre lang Ehe- und Familientherapeuten und ist Direktorin des Ausbildungsinstituts für Ehe- und Familientherapie des Link Counseling Center in Atlanta, Georgia.

ELAINE CARNEY GIBSON

Das eigene Familiensystem verstehen

Ein Leitfaden zur Entschlüsselung von Mustern und Dynamiken für ein selbstbestimmtes Leben

Aus dem Englischen von Carl Freytag

GOLDMANN

Die amerikanische Originalausgabe erschien 2022 unter dem Titel
Your Family Revealed. A Guide to Decoding the Patterns, Stories, and Belief Systems in Your Family bei Sounds True,Inc., Boulder, Colorado.

1. Auflage
Deutsche Erstausgabe Januar 2024

Übersetzungsrechte vermittelt durch die Agence Schweiger
Umschlag: UNO Werbeagentur, München
Umschlagmotiv: FinePic®, München
Innenteilgestaltung: Meredith Jarrett
Redaktion: Martha Wilhelm
Satz: Satzwerk Huber, Germering
Druck und Bindung: GGP Media GmbH, Pößneck
Printed in Germany
KF · IH
ISBN 978-3-442-17989-3

www.goldmann-verlag.de

Dieses Buch widme ich meiner Familie,
insbesondere meinen Eltern, Bobba und Großvater,
Tante Helen und Onkel Tom, meinen Geschwistern
und den Cousinen und Cousins, meinen drei Söhnen
und meinen Enkelinnen und Enkeln Chessel,
Spencer, Stella und Hyde.
Ihr seid alle immer in meinem Herzen
und in meiner Seele.

Inhaltsverzeichnis

Einleitung

Unsere Familie kann eine Quelle größter Freuden sein – und eine Quelle der heftigsten Kämpfe. Dieses Buch will Ihnen helfen, Ihre Familie zu »entschlüsseln«, sodass Sie besser verstehen, wie das Familiensystem und seine Dynamik funktionieren. Das wird Ihnen erlauben, sich selbst besser kennenzulernen – und auch alle, mit denen Sie Beziehungen pflegen.

Die Familienstrukturen haben sich im 21. Jahrhundert signifikant verändert. Unsere Gesellschaft ist mehr und mehr bereit, multikulturelle und multiethnische Familien ebenso zu akzeptieren wie Familien mit nur einem Elternteil, Patchworkfamilien und Paare mit gleichem Geschlecht. Dazu kommt, dass anders als bei den Familien früherer Generationen, deren Mitglieder nah beieinander lebten, heute die Entfernungen voneinander oft groß sind. Das verändert natürlich die Möglichkeiten, Zeit miteinander zu verbringen, was großen Einfluss auf alle Beteiligten und ihre Beziehungen ausübt. Der große Abstand kann den psychologischen Einfluss verändern, den einzelne Familienmitglieder auf andere haben.

Aber wie immer sich Familien auch generell verändert haben: Sie üben immer noch einen gewaltigen Einfluss auf unser Leben aus. Es sind die Beziehungen in der Familie, die formen, wer wir sind, welche Gefühle wir uns selbst gegenüber haben und wie wir uns an andere binden und uns auf sie beziehen.

Liebe Leserinnen und Leser! Dieses Buch ist ein leicht verständlicher Ratgeber, der erklärt, wie eine Familie ihre Mitglieder auf vielfache Weise tief beeinflusst. Das betrifft unter anderem

- die Wertvorstellungen und Überzeugungen jedes Einzelnen,
- das Selbstbewusstsein und Identitätsgefühl jedes Einzelnen und
- das Erlernen von Beziehungstechniken und emotionalen wie auch rationalen Reaktionen.

Je besser Sie diese Einflüsse erkennen und ihre Funktion verstehen, umso mehr Macht haben Sie, um zu entscheiden, wer und wie Sie sein wollen und wie Ihre Beziehungen zu anderen aussehen sollen.

*****

Als ich 1973 meine Ausbildung in *Counseling Psychology*, also psychologischer Beratung, abschloss, wurde ich in eine neue Art zu denken eingeführt. Bis in die 1950er Jahre war die Psychologie vor allem auf das Individuum konzentriert. In meiner Zeit an der Universität tauchte dann in der Szene für »mentale Gesundheit« eine neue Therapie auf: die Familien- oder Beziehungstherapie, die aus der Familiensystemtheorie hervorging. Ich war von dieser neuen Denkweise begeistert und blieb das auch über die Jahre.

Ich hatte das Glück, als eine der Ersten praktisch auf diesem neuen Feld der Ehe-, Paar-, Familien-, Beziehungs- und Familienstrukturtherapie zu arbeiten. Heute, viele Jahre später und nachdem ich Hunderte Einzelpersonen, Paare und Familien als Klientinnen und Klienten hatte und selbst Ausbildungskurse gebe, bin ich immer noch von diesen Therapieformen fasziniert.

Ich werde in diesem Buch einige der grundlegenden Konzepte der Familiensystemtheorie erklären. Meine Absicht ist, Sie zu ermutigen, die hier vorgestellten Konzepte zu verwenden, um besser zu verstehen, wie Ihre »Herkunftsfamilie« funktioniert, wie deren Verhaltensmuster und Prozessabläufe Sie in Ihrer Vergangenheit beeinflusst haben und Sie auch heute noch beeinflussen und wie darüber hinaus die Herkunftsfamilie mit dem erweiterten Familiensystem verbunden ist.

Wie das Inhaltsverzeichnis zeigt, erklärt jedes Kapitel des Buches ein einschlägiges Konzept der Familiensystemtheorie. Am Ende jedes Kapitels folgt ein Fragenkatalog, über den Sie nachdenken sollten. Es ist vielleicht hilfreich, ein Heft anzulegen und Ihre Antworten auf die Fragen zu notieren. Ich möchte Sie auch ermutigen, einige dieser Fragen, Ihre Gedanken und Anliegen mit den anderen Familienmitgliedern zu diskutieren.

Das Labyrinth unseres Lebens

Jeder von uns sucht einen Weg durch das Labyrinth, das Leben genannt wird. Ich stelle mir vor, dass wir alle im Zentrum dieses Labyrinths mit unserer Mutter und dann unserer Familie beginnen. Dann schiffen wir uns für unsere Lebensreise ein und fahren von unserer Familie hinaus in die Welt.

Wenn wir den Gang durch das *Labyrinth des Lebens* ganz bewusst antreten, um uns selbst wirklich kennenzulernen und zu verstehen, entdecken wir, wie wichtig es ist, gelegentlich an den eigenen Ursprung zurückzufinden. Dieser Gang durch das Labyrinth ist in erster Linie eine psychologische Wanderung. Bei der Rückkehr zu unseren ersten Erfahrungen mit unserer Familie sehen wir, wie sich in den verschiedenen Stadien unseres Lebens unsere Auffassungen verändert haben und wie unser Verständnis an Tiefe gewonnen hat. Eine 20-Jährige hat ein tieferes und umfassenderes Verständnis ihrer Erfahrungen mit der Familie, als sie es im Alter von zehn Jahren hatte. Und wenn sie 40 ist, kann sie ihre Familie sogar noch weit besser verstehen, insbesondere wenn sie sich entschließt, immer wieder zum Zentrum des Labyrinths zurückzukehren.

Hat jemand das Zentrum des Labyrinths niemals wirklich verlassen, fehlt ihm die Perspektive, um die Dynamik seiner Familie zu verstehen. Wer sich hinaustragen lässt, aber nicht gelegentlich zurückkommt, um das eigene Verständnis zu reflektieren und zu vertiefen, hat andererseits oft das Gefühl, abgeschnitten zu sein – nicht nur von der Familie, sondern auch von sich selbst. Damit wir wirklich verstehen können, wer wir sind, müssen wir das Familienlabyrinth immer wieder durchqueren – hineingehen, hinausgehen, zum Zentrum zurückkehren und es wieder verlassen …

Um es ganz klar zu sagen: Ich rate nicht, in der Vergangenheit zu leben. Ich glaube mit ganzem Herzen, dass uns nur das Leben in der Gegenwart erlaubt, ganz lebendig zu sein und in Kontakt mit unseren inneren Kräften zu stehen. Die Vergangenheit hat aber einen gewaltigen Einfluss auf unsere Gegenwart. Ich rate daher, ganz bewusst die Vergangenheit zu durchforschen – mit dem Ziel, aus ihr für die Gegenwart Wissen und Kraft zu gewinnen. Auch wenn wir diese bewusste Durchforschung versäumen, wird uns die Vergangenheit weiter beeinflussen – wir sind uns dann dessen nur nicht bewusst und nehmen es nicht wahr. Meine ganz persönliche Meinung ist, dass ein bewusstes Leben vorzuziehen ist.

Die meisten von uns wurden durch die Familie sowohl positiv wie negativ beeinflusst. Das scheint ein fester Bestandteil der menschlichen Erfahrung zu sein.

Für einige war und ist die Familie vor allem eine *positive Erfahrung*. Zu ihr physisch und/oder emotional/mental zurückzukehren, ist dann wie die Rückkehr zu einem kostbaren Prüfstein, der uns mit neuer Stärke und Liebe erfüllt. Für andere war und ist die Familie vor allem eine *negative Erfahrung*. Zu ihr physisch und/oder emotional/mental zurückzukehren, ist in diesem Fall wie ein Sprung in den Abgrund. Wohl alle von uns ziehen es vor, Erfahrungen mit dem Abgrund zu vermeiden. So manche klugen Geister haben aber erkannt, dass der einzige Weg zur wahren Heilung darin besteht, in die Finsternis des Abgrunds zu springen und sich auf die Suche nach dem Licht zu machen.

Ich lade Sie zur Reise ein

In das Labyrinth Ihres Lebens

Hineingehen ~ Hinausgehen

Nehmen Sie die Einladung an, und verwenden Sie das Buch als Ihren Reiseführer!

Kapitel 1

Warum ist das alles so wichtig?

Warum muss man verstehen, wie das Familiensystem funktioniert?

»Jeder Mensch ist ein Zitat aller seiner Vorfahren.«
RALPH WALDO EMERSON

»Wer andere kennt, ist klug.
Wer sich selbst kennt, ist erleuchtet.«
LAOTSE

»Erkenne dich selbst«

Vielleicht war es nur ein Traum, aber ich erinnere mich an einen Mann, der von der Kanzel predigte und mit dröhnender Stimme verkündete: »Das größte Geschenk, das man Gott machen kann, ist, sich selbst zu erkennen.«[1]

Als neugierige und philosophisch interessierte Neunjährige machte ich mir viele Gedanken über diesen Satz. Ich bin mir sicher,

1 Das glaubte man schon in der Antike. Berühmt wurde die Inschrift am Apollotempel in Delphi: »Γνωθι σεαυτόν«, »erkenne dich selbst« (Anm. d. Übersetzers).

dass es gerade *diese Art zu denken* war, die mich zur Psychotherapie und ganz besonders zum Gebiet der Ehe- und Familientherapie brachte.

Meine Großmutter »Bobba«, die Mutter meines Vaters, schickte mich auf die Entdeckungsreise zu mir selbst. Sie erzählte ganz begeistert Familiengeschichten. Ich brauchte nicht lange, um zu verstehen, dass es wirklich unsere Geschichten und die Botschaften in jenen wirklichen oder erfundenen Erzählungen sind, die bestimmen, wie wir über uns, unser Leben und das der anderen denken.

Sich selbst zu »kennen« oder zu »erkennen«, ist ein großes Geschenk, das man sich, der Partnerin oder dem Partner und den Kindern machen kann. Wir können unmöglich wissen, wer wir sind, ohne etwas über unsere Herkunft, also unsere *Herkunftsfamilie* zu wissen. Und es ist ganz klar, dass die Ereignisse und vor allem die Beziehungen in der Kinderzeit fortdauern und bestimmen, wie wir als Erwachsene sein werden. Die Gedanken, die wir heute haben, werden von unseren Erfahrungen in der Vergangenheit beeinflusst.

Familienwerte, Familienkrisen

Der Begriff *Familienwerte* wird derzeit in der sozialen und politischen Szene gern benutzt – und missbraucht. Wenn ich über Familienwerte schreibe, beziehe ich mich auf die Absichten, Erwartungen und Ziele der Familie: Wie unterstützt die Familie ihre Mitglieder? Wie reagiert die Familie auf Entwicklungsaufgaben, die oft Verwirrung und Streit zwischen den Familienmitgliedern stiften, und wie erfüllt sie diese?

Die »alten« Geschichten helfen uns, die Werte zu verstehen, die unsere Familie prägen. Sie helfen uns, zu erkennen, wer und was wichtig ist. Sie helfen uns, zu definieren, wer wir sind und was unser Platz in der Welt ist. Dabei prägen uns nicht nur die Geschichten, in denen uns erzählt wird, wer wir sind, sondern auch die Geschichten, die wir uns selbst erzählen. Schließlich reden wir viel mehr mit uns selbst als mit anderen. Und: Natürlich werden wir auch von dem »programmiert«, was wir außerhalb der Familie sehen, hören und erleben.

Die Mitglieder einer Familie teilen nicht nur eine Geschichte, sondern auch Annahmen und Überzeugungen, die sie von sich selbst, den anderen und vom Funktionieren der Welt haben. Wir lernen in unseren Familien, wie wir einander begegnen, indem wir uns umeinander sorgen, Essen und Trinken bereitstellen und uns auf unseren Wegen unterstützen – aber auch, indem wir uns verletzend und zerstörerisch verhalten und einander schaden.

Für mich ist eine »gesunde« Familie nicht eine Familie ohne Probleme, sondern eine Familie, die belastbar ist und ihre Ressourcen nutzt, um über Krisen und Zeiten voller Schwierigkeiten hinwegzukommen. Solche Krisen entstehen oft bei einem *vorhersagbaren* Ereignis in der Familiengeschichte, wie etwa einer Hochzeit, Adoption oder Geburt, der Pubertät der Kinder, ihrem Auszug, einem Umzug oder dem erwarteten Tod eines älteren Familienmitglieds.

Dann gibt es noch Familienkrisen, die weder vorhergesagt noch erwartet werden, etwa der frühe Tod eines Kindes, von Geschwistern oder der Eltern. Andere Ereignisse, die Familienkrisen verursachen, sind: Konkurs, Klinikaufenthalt, Geldprobleme, Untreue, Scheidung, Sorgerechtsstreit, Wiederverheiratung, Bildung einer Patchworkfamilie, Trennung durch Wehrdienst oder die Arbeit, Alkoholismus, Drogenabhängigkeit, Missbrauch, Fragen der sexuellen Identität oder Selbstmord.

»Am schönsten ist es zu Hause«

Die Familiensystemtheorie, von der dieses Buch handelt, ist ein auf Beziehungen fokussiertes Modell zum Verstehen der menschlichen Psyche. Anders als in der traditionellen psychoanalytischen Theorie steht in der Familiensystemtheorie vor allem die Dynamik zwischen Familienmitgliedern im Mittelpunkt und nicht so sehr die Psyche jedes Einzelnen. Diese Dynamik aus Zug und Druck, um in Beziehungen Nähe und Distanz zu erhalten, zählt zu den Hauptfaktoren, die dem menschlichen Verhalten zugrunde liegen.

Die Familiensystemtheorie berücksichtigt nicht nur die Personen, die zusammen in einem Haushalt leben, sondern die *gesamte* Familie über die Zeiten und Generationen hinweg. Zu dieser »erweiterten« Familie oder Großfamilie gehören neben der Kernfamilie aus Eltern und Kindern die Großeltern, Tanten, Onkel, Geschwister, Cousins und Cousinen. Die meisten Familientherapeuten glauben, dass es wichtig ist, das Familiensystem über mindestens drei Generationen zu betrachten, unabhängig davon, ob die Personen noch leben oder schon tot sind, und unabhängig davon, ob sie in der Nähe oder weit entfernt wohnen.

Die Therapeutinnen und Therapeuten glauben, dass die Kraft und der Einfluss von Beziehungen, die wir mit anderen Familienmitgliedern haben, über das Grab hinausreichen. Weder der räumliche Abstand noch der Tod befreien uns vom Einfluss unserer Familie. Entscheidend für unser Wohlergehen ist, wie wir mit diesem Einfluss umgehen.

Dorothy Gale behauptet im *Zauberer von Oz*: »Am schönsten ist es zu Hause.« Das stimmt. Für manche. Vielleicht sind Sie in einer Sicherheit und Geborgenheit bietenden Familie voller Liebe aufgewachsen, was mit sehnsuchtsvollen und zärtlichen Erinnerungen verbunden ist. Vielleicht sind Sie aber auch in einer chaotischen Familie aufgewachsen, die keine Sicherheit bot. An das »Zuhause« zu denken, kann dann traurige, schmerzvolle oder sogar traumatische Gefühle wecken.

Verletzungen und Heilung

Wir alle wurden schon mal verletzt. Ich habe bis jetzt niemanden getroffen, der nicht irgendeine Erfahrung in seinem Leben gemacht hat, unter der er emotional gelitten hat. Vielleicht haben wir jemanden verloren, den wir gernhatten, oder ein geliebtes Haustier ist gestorben. Vielleicht sind wir irgendwann tyrannisiert worden oder wir hatten das Gefühl, ungerecht bestraft zu werden. Ich erinnere mich zum Beispiel an eine Freundin in meiner Kindheit, die immer einen Monat lang Hausarrest bekam, wenn sie von der Schule keine Eins mitbrachte.

Die Glücklicheren unter uns sind nur selten traumatisiert worden – und dann nicht allzu schwer. Die Unglücklicheren haben dagegen schwere emotionale und psychische Verletzungen erlitten, die sie langfristig beeinflussen. Sie sind mit einem oder mehreren Ereignissen konfrontiert worden, die sie emotional überwältigt haben. Sie wurden davon betäubt, zutiefst verängstigt und oft ohne Verbindung zu sich selbst oder anderen zurückgelassen.

Leider haben viele Menschen schwersten emotionalen, physischen und verbalen Missbrauch durch Familienmitglieder erlitten. Missbrauch in der Familie ist meiner Ansicht nach die tiefgreifendste, finsterste und verheerendste Form von Verrat.

Wer eine solche Erfahrung überstanden und überlebt hat, wird oft von Schuld- und Schamgefühlen verfolgt – gleichgültig, ob die Traumatisierung von wiederholten Verletzungen in der Kindheit stammt oder auf ein einmaliges traumatisches Erlebnis als Erwachsener zurückgeht. Wer ein Trauma überlebt hat, neigt zu Depressionen, Angstzuständen und einer geringen Selbstachtung und berichtet oft von Schwierigkeiten in persönlichen Beziehungen, insbesondere mit den Personen, die ihm am nächsten stehen.

Für die Traumatisierten besteht aber durchaus die Möglichkeit, von den Wunden an Körper, Seele und Geist zu genesen. Das Heilen dieser Wunden braucht Zeit und viel Mühe. Catherine McCall hat in ihren inspirierenden Erinnerungen *Never Tell. A True Story of Overcoming a Terrifying Childhood* über ihre Heilung und die Heilungsmöglichkeiten für Überlebende von sexuellem Missbrauch und deren Partner berichtet.

Die Heilung traumatischer Verletzungen ist eine Entwicklungsreise, die Körper, Seele und Geist umfasst. Es geht um die Heilung des traumatisierten Gehirns und der Wunden, die Beziehungen so schwierig machen. So soll ein ausgewogeneres und positiveres Gefühl von sich selbst und gegenüber anderen entstehen. Weiß man mehr über die eigene Familiendynamik, hilft das sicher dabei, neue Entscheidungen zu treffen und auf gesündere, produktivere Weise mit der Gegenwart umzugehen.

Familientherapie und Feedbackschleife

Die Familiensystemtheorie begann ihre Entwicklung in den 1940er und 1950er Jahren. Während des Zweiten Weltkriegs konstruierten Mathematiker und Ingenieure Maschinen, die nach dem Prinzip von Feedback- oder Rückkopplungsschleifen funktionierten. Die Idee war, dass aus einem System gewonnene Informationen wieder in das System eingegeben werden und es darauf reagiert.

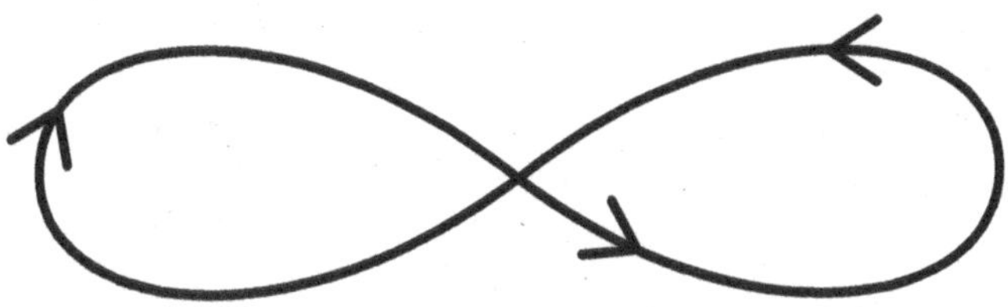

Abb. 1.1: Feedbackschleife

Wie hat diese neue theoretische Idee die psychotherapeutische Praxis beeinflusst?

Die Familientherapie basiert auf einer *systemischen Sichtweise*. Das heißt, dass die Familie als ein Ganzes gesehen wird, als ein System, in dem alle Mitglieder einander beeinflussen. Zuvor arbeiteten Therapeuten nach dem Prinzip des *linearen* Denkens, bei dem im Zentrum der Untersuchung der Probleme einer Person Ursache und Wirkung stehen. Nun ging es darum, wie Familienmitglieder in einem *zirkulären* Prozess oder einer Feedbackschleife aufeinander reagieren.

Den Unterschied zwischen linearer und zirkulärer Kausalität zeigt das folgende Beispiel: Eine Mutter bringt ihren 15-jährigen

Sohn zur Therapie. Er hat die Schule geschwänzt und nimmt Drogen. Die Therapeutin erfährt, dass der Vater kürzlich seinen Job verloren hat. Der Sohn sagt, er ärgere sich über seinen Vater, weil der »nur auf der Couch rumsitzt« und nichts unternehme, um wieder Arbeit zu finden. Die Therapeutin stellt die Hypothese auf, dass der Sohn seinen Ärger über den Vater ausdrückt, indem er über die Stränge schlägt und sich schlecht benimmt. Das ist eine lineare Kausalität: Das Verhalten des Vaters verursacht das Verhalten des Sohns. Vater ⇨ Sohn oder A ⇨ B.

Eine Systemtherapeutin würde diese Hypothese nicht verwerfen, sie würde aber das akute Problem des 15-jährigen Sohns untersuchen, indem sie die Zusammenhänge aller Beziehungen in der Familie zu verstehen versucht. Sie würde berücksichtigen, wie alle Familienmitglieder einander beeinflussen.

Der Sohn wurde von der Familie als »*identifizierter Patient*« (IP) vorgestellt, als das Familienmitglied, das krank ist und therapiert werden soll. Ein Familientherapeut sieht dagegen das *Familiensystem* als »Patient«. Wäre ich die Therapeutin, würde ich bei der ersten Sitzung gern die ganze Familie sehen. Ich weiß, dass ich auf diese Weise der Familie wahrscheinlich besser helfen könnte, die ungesunden oder zerstörerischen Beziehungsmuster zu identifizieren, die den einzelnen Familienmitgliedern Leid bereiten. Ich könnte dabei helfen, gesündere und produktivere Beziehungsmuster aufzubauen, die letzten Endes der Familie helfen würden, auch das aktuelle Problem des Sohns zu lösen: sein Fehlverhalten.

Ich beginne eine Therapie immer mit der gründlichen Erforschung der Familiengeschichte, zuerst die der Kernfamilie. In diesem Fall wären das der Vater, die Mutter, der Sohn, der als

»Patient« identifiziert ist, und die 13-jährige Tochter. Dabei interessieren mich immer mindestens drei Generationen.

Ich finde in diesem Fall heraus, dass der Vater nicht nur seinen Job verloren hat, sondern dass kürzlich auch seine Mutter bei einem Verkehrsunfall gestorben ist. Die Tochter erzählt, dass die Mutter immer mehr trinkt und öfter Wutausbrüche hat. Die Tochter berichtet auch, dass sie mehr Zeit in ihrem Zimmer verbringt, statt etwas mit ihren Freundinnen und Freunden zu unternehmen. Der Sohn ist übel gelaunt, berichtet aber ohne Umschweife von seinem Ärger über beide Eltern.

Meine Hypothese ist, dass der Vater nicht nur wegen des Jobverlusts und des Todes seiner Mutter bedrückt ist, sondern auch wegen des zunehmenden Alkoholkonsums seiner Frau und wegen der Art und Weise, wie sein Sohn seine Probleme auslebt. Die Mutter ist deprimiert und ärgert sich über ihren Mann und ihren Sohn. Sie macht sich auch Sorgen wegen der finanziellen Situation der Familie. Der Sohn, der anfängt, sich von der Familie abzulösen – ein ganz normaler Schritt in dieser Entwicklungsphase –, ist wütend und voller Angst. Die Tochter ist so besorgt über das Wohlergehen des Vaters, dass sie Angst hat, die Wohnung zu verlassen. Sie fürchtet, dass die Familie »in die Binsen geht«.

An die Stelle der linearen Struktur des Problems (Vater ⇨ Sohn) tritt eine zirkuläre Struktur, wie sie das folgende Diagramm zeigt:

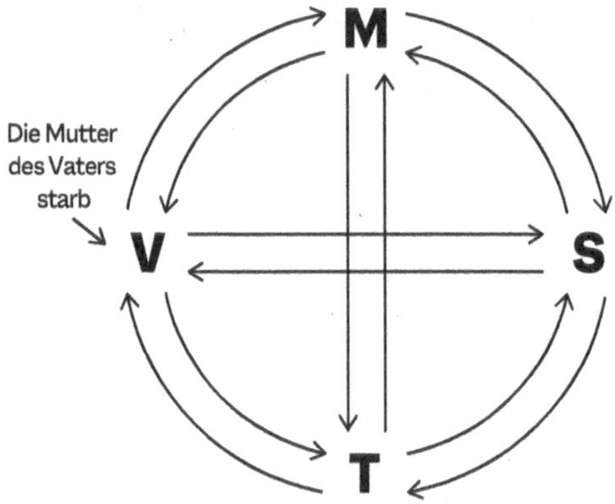

Abb. 1.2: Zirkuläre Kausalität

Sieht man die Familie als System, führt das dazu, dass die auftauchenden Probleme auf neue Weise erklärt, verstanden und gelöst werden können. Dabei ist es nicht so wichtig, herauszufinden, was ein Problem ausgelöst hat. Wichtiger ist, die unproduktiven und zerstörerischen Zusammenhänge zu identifizieren, die zu den ungesunden Beziehungsmustern geführt haben, und sie durch gesündere, produktivere zu ersetzen.

Wie im eben diskutierten Fall der Tod der Großmutter zeigt, beeinflusst auch die erweiterte Familie mit allen lebenden und toten Mitgliedern, was mit jedem Einzelnen passiert.

Der Jobverlust des Vaters wiederum zeigt, dass man das Familiensystem auch in einem größeren Kontext und im übergreifenden System der Gesellschaft sehen muss, deren kultureller und sozialer Einfluss auf eine Familie gewaltig ist. Gender, Klasse, ethnische Herkunft, sexuelle Orientierung, Religion und ökonomischer Status beeinflussen die Werte und Überzeugungen der Familienmitglieder. Nach meiner Erfahrung werden die Familie und ihre Mitglieder mehr beeinflusst, wenn sich das größere System in einem Übergang oder in einer Krise befindet, statt von Frieden und Ruhe bestimmt zu sein. Befindet sich beispielsweise ein Land im Krieg, spüren jede Familie und jeder Einzelne die Auswirkungen – einige mehr, andere weniger.

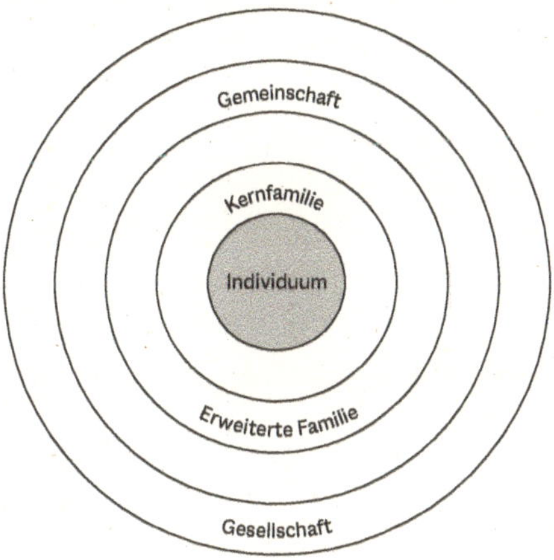

Abb. I.3: Die Familie in einem größeren Kontext

Während all meiner Jahre der Arbeit mit Einzelnen, Paaren und Familien haben mir noch nie so viele meiner Klientinnen und Klienten während der Therapiestunden erzählt, wie stark sie von den Ereignissen und Diskussionen beeinflusst werden, die unser Land derzeit bestimmen. Der Schwerpunkt dieses Buches liegt aber nicht auf dem Staat, der Gesellschaft oder den Ereignissen in der Welt, sondern auf der Kernfamilie (also den Eltern – gleich, ob sie zusammenleben oder getrennt – und deren Nachkommen) und auf der erweiterten Familie.

Die wichtigsten Hypothesen der Familiensystemtheorie

Ich fasse noch einmal zusammen: Die Familiensystemtheorie ist die Philosophie einer psychotherapeutischen Behandlung und lässt sich auf Einzelne, Paare oder Familien anwenden.

Jede Person wird als Teil eines Systems wahrgenommen, dessen Beziehungen ineinandergreifen, das sich ständig weiterentwickelt und das mehr ist als die Summe seiner Teile. Die Mitglieder des Familiensystems können nicht isoliert gesehen werden, da sie in ein Netz von Beziehungen eingebettet sind.

Daher gilt:

- Das Verhalten eines Einzelnen ist mit den Interaktionen innerhalb der Familie ebenso verknüpft wie mit seinen eigenen mentalen Prozessen oder emotionalen Problemen.
- Veränderungen bei einem Familienmitglied berühren auch alle anderen und die Familie als Ganzes.

Familien haben eine Reihe bestimmter Merkmale. Dazu gehören

- ein Katalog von Regeln,
- zugewiesene und zugeschriebene Rollen für jedes Familienmitglied,
- eine Organisationsstruktur,
- komplizierte offene und verdeckte Kommunikationsformen und
- bestimmte Wege, Probleme auszuhandeln und zu lösen.

Familien sind organisierte soziale Systeme, deren Mitglieder

- eine gemeinsame Geschichte bewahren,
- ein Verständnis teilen, was es heißt, eine »Familie« zu sein,
- Auffassungen teilen, was die Identität der Familie betrifft, und
- Ansichten über die Welt teilen.

Unsere Familien, ihre Muster, ihre Verbindungen und ihre Geschichten zu verstehen, ist befreiend. Der Zweck dieses Verstehens ist nicht, jemanden anzuklagen und Fehler zu finden. Es geht vielmehr darum, unsere Kenntnisse, Wahrnehmungen und unseren Verstand zu benutzen, um bewusste Entscheidungen zu treffen, wie wir in der Welt existieren *wollen*: Wie *wollen* wir fühlen, denken und uns verhalten?

Bewusstes Wahrnehmen und Begreifen bedeutet Kraft – die Kraft, uns für neue Wege zu entscheiden. Die Kraft, neu zu denken, zu fühlen und uns zu verhalten, ermöglicht uns, nicht nur im »Autopilot-Modus« zu existieren, sondern aufzublühen. Welches Ausmaß an Traumata wir auch erlitten haben: Wahrnehmen, Begreifen und Wissen versorgen uns mit der Kraft, die wir brauchen, um uns für *Heilung* zu entscheiden.

Ich wünsche Ihnen, dass Sie sich für diese *Heilung* entscheiden! Mögen Sie die Hilfe und Unterstützung annehmen, die Sie dazu brauchen. Mögen Sie das Wissen in diesem Buch benutzen, um die Kraft zu finden, sich und Ihr Leben zu heilen und neu zu erschaffen. Ich glaube an Francis Bacons Aussage in seinen *Meditationes Sacrae* von 1597: »Wissen ist Macht.«[2]

---

2 Bacon bezieht sich auf die Sprüche Salomos 24,5: »Ein weiser Mann ist stark.« (Anm. d. Ü.)

Überlegungen zu Ihrer Herkunftsfamilie

Um es noch einmal zu sagen: Das Buch erklärt einige Grundkonzepte der Familiensystemtheorie. Die Absicht ist, Sie, die Leserinnen und Leser, zu ermutigen, die vorgestellten Konzepte zu verwenden, um besser zu verstehen, wie die Funktionsweise, die Muster und die Abläufe in Ihrer Familie Sie in der Vergangenheit beeinflusst haben – und im Hier und Jetzt beeinflussen.

Die folgenden Fragen zur Familie, in der Sie groß geworden sind, mögen Ihnen dabei helfen:

1. Welche Annahmen und Überzeugungen haben die Mitglieder Ihrer Familie, was die Familienidentität betrifft? (Denken Sie darüber nach, wie das aus dem Blickwinkel jedes Familienmitglieds ist.)
2. Halten Sie einige Annahmen über die Welt fest, die Ihnen in Ihrer Familie vermittelt wurden. Teilen Sie die Annahmen über das Funktionieren der Welt, die Ihnen in der Familie vermittelt wurden?
3. Was haben Sie in Ihrer Familie darüber gelernt, was es heißt, eine Familie zu sein? Teilen Sie diese Definition von »Familie« oder haben Sie jetzt eine andere?

Kapitel 2

Wer hat das Sagen?

Wie sich Familien gut oder schlecht organisieren

»Die ganze Welt ist eine Bühne, und all die Männer und Frauen nur Spieler; sie haben ihre Abgänge, ihre Auftritte und einer spielt im Leben viele Rollen …«
SHAKESPEARE[1]

»Zu viele Eltern erschweren das Leben ihrer Kinder, indem sie zu eifrig versuchen, es ihnen leicht zu machen.«
GOETHE[2]

Es gibt viele Möglichkeiten, über ein Familiensystem nachzudenken. Eine ist, zu analysieren, wie sich eine Familie *selbst strukturiert*, um zu »funktionieren«. Jede Familie verfügt über eine bestimmte hierarchische Struktur, die die Regeln und Muster der Interaktionen festlegt und die Rollen aller Familienmitglieder bestimmt. Die Familienstruktur ändert sich im Verlauf der Zeit, weil die Familienmitglieder älter werden und sich die

1 Shakespeare: Wie es euch gefällt, 2. Akt/7. Szene.

2 Dieses schöne Zitat ist einem amerikanischen »Zitatenschatz« entnommen und wird dort Goethe zugeschrieben. Belege dafür fehlen. (Anm. d. Ü.)

Erfahrungen, die die Familie macht, mit den Entwicklungsstadien der Einzelnen und des Systems als Ganzem verändern.

Das Familiensystem ist aus Subsystemen zusammengesetzt: Es kann ein Ehe- oder Partnersubsystem geben, ein Elternsystem, ein Großelternsystem und ein Geschwistersystem. Jedes Subsystem hat seine eigene Identität und verfügt über ganz besondere Funktionen und Muster, die von den Beziehungen der Subsysteme untereinander bestimmt werden.

Darstellung der Familie im Genogramm

Murray Bowen, einer der Begründer der Familiensystemtheorie, hielt es für hilfreich, die Subsysteme einer Familie in der Art eines Familienstammbaums darzustellen. Diese bildliche Darstellung einer Familie ist als *Genogramm* bekannt. Genogramme wurden im klinischen Bereich von Monica McGoldrick und Randy Gerson entwickelt und durch ihr Buch *Genogramme in der Familienberatung* populär gemacht. Die Therapeuten konstruieren ein Genogramm, damit sie aus der bildlichen Darstellung der Familienstruktur wichtige Informationen über das Familiensystem erhalten, ohne zuvor Seiten voller Notizen über die Familiengeschichte lesen zu müssen.

McGoldrick und Gerson entwickelten Symbole für Geschlecht und Beziehungsmuster sowie für generationenübergreifende, wiederholt auftretende Verhaltensmuster und Vererbungstendenzen. Ihre Version eines Genogramms umfasst auch kritische Ereignisse wie Geburten und Todesfälle sowie die medizinische und psychologische Krankengeschichte.[3]

3 McGoldrick/Gerson: Genogramme in der Familienberatung, 1990.

In seiner Grundform umfasst ein Genogramm mindestens drei Generationen. Kommt eine Familie zur Therapie, die aus einem Elternpaar (beispielsweise einem Mann und einer Frau) mit zwei Kindern (beispielsweise einem Sohn und einer Tochter) besteht, würde ich als Therapeutin so vorgehen: Ich würde von den Großeltern, die die erste Generation darstellen, die oben genannten persönlichen Details und andere wichtige Informationen abfragen. Die Eltern wären die zweite Generation, die Kinder die dritte. Das Genogramm würde dann so aussehen:

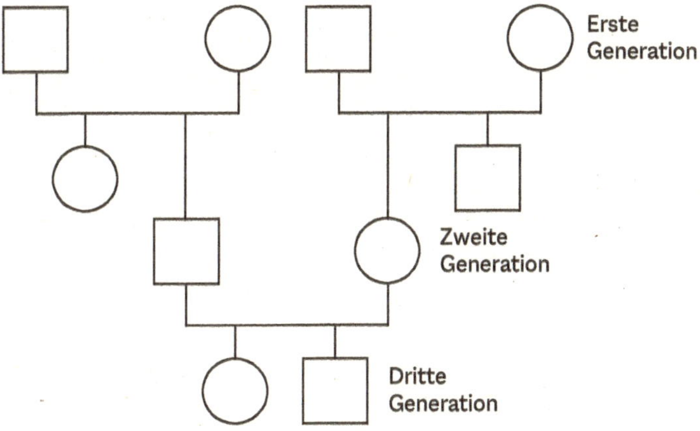

Abb. 2.1: Einfaches Genogramm über drei Generationen mit markiertem Geschlecht

Das Genogramm wurde auf der Basis der ursprünglichen Formulierung auf vielfältige Weise weiterentwickelt. Im Lauf der Jahre entstanden zahlreiche zusätzliche Symbole für die einzelnen Personen und für die diversen Beziehungsmuster. Während in der ursprünglichen Formulierung des Genogramms ein Kreis verwendet wurde, um eine Frau zu kennzeichnen, und ein Quadrat für einen Mann, haben inzwischen viele Therapeuten eigene Symbole für trans und nicht binäre Personen geschaffen. Ich benutze beispielsweise einen Kreis in einem Quadrat für eine Person, die als Frau geboren wurde und nun männlich ist oder sich als Mann identifiziert.

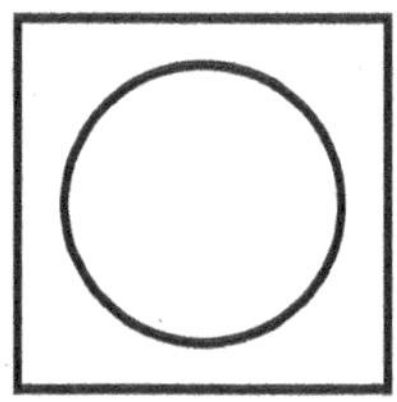

Abb. 2.2: Symbol für eine Frau, die jetzt als Mann lebt

Ich verwende in diesem Buch immer wieder Genogramme, um an Beispielen zu zeigen, wie Familiensysteme optimal oder auch unzureichend funktionieren.

Hierarchie in der Eltern-Kind-Beziehung

Dieses Kapitel konzentriert sich auf Familien mit Kindern. Ich möchte Sie daher ermuntern, an das Aufwachsen in *Ihrer* Herkunftsfamilie zu denken, gleichgültig, ob Sie selbst Kinder haben.

Damit Familien, die Kinder aufziehen, optimal funktionieren, muss es eine Hierarchie geben. Ich kann gar nicht oft genug darauf hinweisen, wie wichtig eine Hierarchie für die Familie ist, also wie wichtig es ist, *dass die Eltern Eltern sind.*

Am Anfang meiner Karriere habe ich an einer Elternschule unterrichtet. Ich habe die an meinem Kurs Teilnehmenden gebeten, eine Antwort auf die folgende Frage aufzuschreiben: »Wie wollen Sie, dass Ihr Kind sich fühlt?« Ich habe dann um ein Handzeichen gebeten, wer »glücklich« genannt hatte. Fast immer hoben 80 Prozent der Teilnehmenden die Hand. Ich rief daraufhin entschieden: »Falsche Antwort!«

Ich habe dann erklärt, dass das wichtigste Gefühl, das ein Kind haben sollte, das von *Sicherheit und Geborgenheit* ist. Fühlt sich ein Kind geborgen, hat es den Freiraum, Glück, Kreativität, ein hohes Selbstwertgefühl, Humor und Liebe zu erfahren. Sicherheit und Geborgenheit ermöglichen es dem Kind, auch Gefühle wie Angst, Enttäuschung und Traurigkeit voll und ganz zu spüren und sie in angemessener Weise auszudrücken.

Kinder, die sich in der frühesten Jugend sicher und geborgen fühlen, werden mit größerer Wahrscheinlichkeit im späteren Leben sichere, liebevolle Beziehungen aufbauen. Den Eltern, die bei meiner Befragung mit »glücklich« geantwortet hatten, habe ich gesagt, dass man sich nur kurzzeitig glücklich fühlt. Fühlen wir uns dagegen sicher und geborgen, verleiht uns das eine tiefe und dauerhafte Gewissheit, die den Kern unseres Seins stützt.

Ich glaube, dass es nicht nur das Recht von Eltern ist, sondern vielmehr ihre *Pflicht*, Verantwortung zu übernehmen, sodass das Kind weiß, wer das Sagen hat und dass jemand anderes als es selbst die Verantwortung für das Familienleben trägt.

Eine häufige Herausforderung für Eltern ist, »*Nein*« zu sagen und es dabei zu belassen. Wie oft war ich in meinem Leben Zeuge, dass Eltern einem Kind zweimal, dreimal »Nein« sagten – um dann doch den Wunsch des Kindes zu erfüllen? Hunderte Male!

Als junge Mutter war ich entschlossen, nicht in diese Falle zu tappen. Und ich denke, dass ich das gut hinbekommen habe. Das hat meine Söhne nicht von Versuchen abgehalten, mich von meinem »Nein« abzubringen. Ich sagte mir dann immer, dass diese Hartnäckigkeit, »Nein nicht als Antwort gelten zu lassen«, Teil ihrer DNA war. Trotzdem war ich entschlossen, nicht nachzugeben. Ich entschied mich damit für ein Leben mit Wutausbrüchen, Schmollen und dem kurzzeitigen Entzug von Zuneigung. Aber das war es wert. Sie wussten und ich wusste, dass ich das Sagen hatte.

Ich kann mich nicht daran erinnern, dass ich mit einem meiner drei Söhne je Diskussionen gehabt hätte, als sie im Teenageralter waren. Wenn ich das Leuten sage, sind sie überrascht und glauben es nicht. Aber es ist wahr. Als meine Söhne in die Pubertät kamen, hatten sie gelernt, dass »Nein« auch »Nein« hieß. Mein »Nein« war oft der Endpunkt eines Gesprächs in der Küche. An meinem Kühlschrank klebte ein Schild mit der Botschaft: »Welchen Teil von ›*Nein*‹ verstehst du nicht?«

Das Küchendrama folgte diesem Drehbuch:

1. Einer meiner Söhne wollte etwas tun, was ich ihm nicht erlauben wollte.
2. Ich sagte »Nein«.
3. Er fragte noch einmal nach, um sicherzugehen.
4. Ich summte, führte einen kleinen Tanz auf und zeigte demonstrativ auf das Schild am Kühlschrank.

Das war's. Ende der Debatte. Wenn ich daran denke, muss ich lächeln.

Wenn Kinder nicht im Alter von zwei oder drei lernen, dass »Nein« auch »Nein« heißt, ist es für sie mit neun oder fünfzehn viel schwieriger, das zu akzeptieren.

Ich bin sicher, dass meine Söhne gelernt haben, gar nicht erst zu fragen, wenn sie wussten, dass die Antwort »Nein« lauten würde. Sie akzeptierten entweder, dass das, was sie wollten, was auch immer es war, nicht passieren würde – oder sie entschlossen sich, es heimlich zu machen. Ich muss annehmen, dass das vorkam. Schließlich war ich auch einmal ein Teenager. Es gab Dinge, von denen meine Eltern keine Ahnung hatten.

Veränderungen der Hierarchie

Offensichtlich verändert sich die Hierarchie einer Familie, wenn die Kinder erwachsen werden. Es ist zum Beispiel nicht ungewöhnlich, dass erwachsene Kinder gegenüber ihren Eltern selbst eine Elternfunktion einnehmen und sie betreuen, wenn sie alt oder gar krank oder dement werden.

Die Eltern erwachsener Kinder nehmen in einer solchen Situation manchmal nur ungern die Tatsache zur Kenntnis, dass sie nicht länger das Sagen haben und es auch nicht mehr haben sollten. Sie wollen immer noch Kontrolle ausüben und glauben, dass die Kinder zu tun haben, was sie, die Eltern, für richtig halten. In solchen Fällen kann es manchen erwachsenen Kindern schwerfallen, sich von der Haltung zu lösen, dass sie ihren Eltern zu gefallen haben. Auf der anderen Seite des Spektrums rebellieren manche Teenager und junge Erwachsene gegen die elterliche Autorität und beharren darauf, selbst die Kontrolle über ihr Leben zu übernehmen.

Keine dieser Reaktionen führt weiter. Teenager und junge Erwachsene, die rebellieren, um sich von der elterlichen Kontrolle zu befreien, schaden sich damit oft selbst. Erwachsene Kinder, die immer noch den Eltern erlauben, ihr Leben zu kontrollieren, sind sich selbst gegenüber nicht ehrlich, trauen sich zu wenig zu und ignorieren ihre eigenen Wünsche und Bedürfnisse, nur um den Eltern zu gefallen. Ich werde in späteren Kapiteln bessere Wege aufzeigen, wie Erwachsene Autonomie erlangen können.

Wie funktionieren Familien?

Es gibt drei grundlegende Arten, wie in Familien Entscheidungen getroffen werden und wie die Interaktion zwischen Eltern und Kindern abläuft – kurz: wie Familien funktionieren.

- In der *demokratischen Familie* haben die Kinder eine Stimme. Sie können zwischen verschiedenen Optionen wählen und ihre Meinungen werden berücksichtigt. Die endgültigen Entscheidungen treffen aber die Eltern. Die Eltern stellen klare, faire und flexible Regeln auf. Werden die Regeln gebrochen, ziehen die Eltern dem Alter angemessene Konsequenzen. (Anmerkung: Es ist sehr hilfreich, wenn das Kind die Konsequenzen vorher kennt.) Wir neigen alle dazu, uns gut aufgehoben zu fühlen, wenn diejenigen, die das Sagen haben und verantwortlich sind, vernünftige Grenzen ziehen und wir wissen, dass sie für unser Wohlergehen sorgen. Das gilt für die Kinder in einer Familie wie für die Bürger eines Staats.
- In der *autokratischen Familie* haben die Kinder keine Stimme. Die Eltern stellen Regeln auf, die fair und klar sein

können – oder auch nicht. Werden die Regeln gebrochen, hat das Konsequenzen. Die Eltern setzen aber oft Konsequenzen oder Strafen durch, die unfair und dem begangenen »Verbrechen« nicht angemessen sind. Gibt es viele Regeln für ein Kind und wird es oft bestraft, deutet das auf Eltern, die dem Kind kein Gefühl von Sicherheit und Wohlergehen geben.

- In der *permissiven Familie* bestimmen oft die Kinder den Haushalt. Es gibt nur wenige Regeln. Verstößt das Kind gegen eine Regel, hat es keine merklichen Konsequenzen zu befürchten.

Kommt eine Familie in die Therapie, weil das Kind »verhaltensauffällig« geworden ist oder sich in irgendeiner Weise schlecht benimmt, liegt oft das Problem zugrunde, dass die Eltern ihren Job, für die Familie verantwortlich zu sein, nicht angemessen ausüben. Meiner Erfahrung nach suchen autokratische und permissive Familien häufiger als demokratische eine Therapie wegen Problemen auf, die mit den Kindern zusammenhängen. Natürlich kann auch in demokratischen Familien eine Familientherapie nötig werden. Das von ihnen präsentierte Problem ist aber gewöhnlich nicht mit der Frage »Wer hat das Sagen?« verbunden. Eine Ausnahme mag es während eines Übergangs geben: zum Beispiel, wenn ein Kind in der Pubertät oder als junger Erwachsener die »Regeln« anzweifelt.

Grenzen und Subsysteme

Salvador Minuchin, einer der ersten Familiensystemtherapeuten, hat die Bedeutung von Hierarchien sowie von Grenzen zwischen den Familienmitgliedern und den Subsystemen betont. Ihm zufolge tragen klare Grenzen zwischen den Subsystemen dazu bei, für die Sicherheit und das Wohlergehen einer Familie insgesamt zu bürgen.[4] Jedes Subsystem hat eine bestimmte Funktion und verfügt über wohldefinierte Muster für die Beziehungen in ihm und zu anderen Subsystemen. Es ist wichtig, dass zwischen den Subsystemen und auch zwischen den Personen in den Subsystemen angemessene Grenzen bestehen. Diese Grenzen sind für die Gesundheit des Familiensystems entscheidend.

Besonders in einer Familie mit kleinen Kindern ist es wichtig, dass es eine klare hierarchische Struktur gibt, die die Subsysteme der Familie gegeneinander abgrenzt. Das Elternsubsystem muss dabei immer die Führungsrolle haben. Die Eltern müssen Verantwortung übernehmen, wobei es optimal ist, wenn sich Vater und Mutter gegenseitig unterstützen können. Das gilt selbst dann, wenn die Eltern geschieden sind oder nicht zusammenwohnen.

Eine Anmerkung: Das alles gilt natürlich nicht, wenn ein Elternteil ein Kind missbraucht. Die Eltern sind verpflichtet, für die Sicherheit der Kinder zu sorgen. Missbraucht beispielsweise der Vater ein Kind, muss die Mutter alles tun, um das Kind in Sicherheit zu bringen. In einigen Ländern hat sie sogar die gesetzliche Pflicht dazu. Es gibt Länder, in denen der Elternteil, der das Kind nicht missbraucht – in unserem Beispiel die Mutter –, von der Justiz ebenso zur Verantwortung gezogen wird wie derjenige, der es tut.

4 Minuchin: Familie und Familientherapie, 1977.

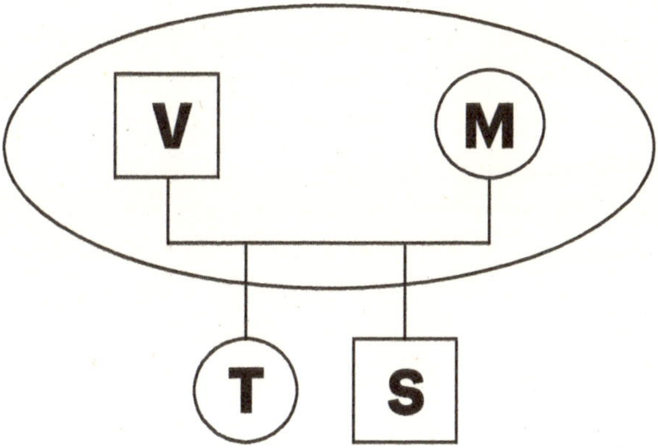

Abb. 2.3: Elternsubsystem

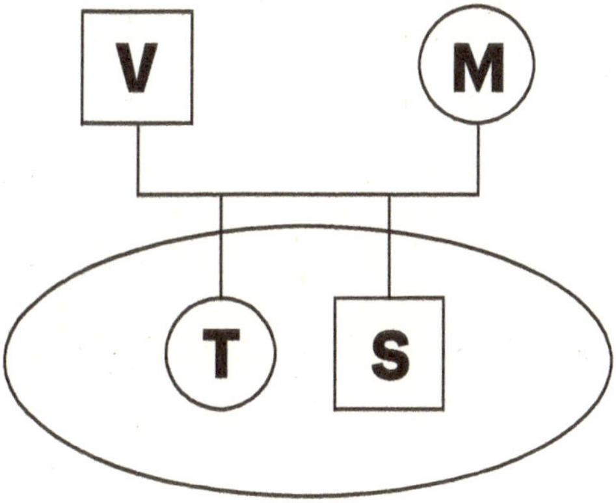

Abb. 2.4: Geschwistersubsystem

In der klassischen Literatur zur Familientherapie werden klare, starre und diffuse Grenzen innerhalb der Familie unterschieden.

Als ideal gelten *klare Grenzen*. Klare Grenzen sind verbindlich, aber flexibel. Die einzelnen Familienmitglieder werden gefördert und unterstützt. Ihnen wird – abhängig von ihrem Alter – eine angemessene Autonomie gewährt.

In einer Familie mit *starren Grenzen* sind die Familienmitglieder voneinander unabhängig und erfahren sich als isoliert. Sie sind so sehr mit ihren eigenen Angelegenheiten beschäftigt, dass sie auf andere nicht reagieren und sie nicht unterstützen können. Man hört oft die Parolen »Mach es selbst« und »Lass mich in Ruhe«. Familien mit starren Grenzen sind oft gegenüber dem Rest der Welt verschlossen.

Familien mit *diffusen Grenzen* sind durch verstrickte Beziehungen gekennzeichnet. Jeder ist auch mit den Angelegenheiten der anderen befasst. Vater, Mutter oder beide können allzu sehr involviert sein und sich ständig mit den Kindern befassen. Das Subsystem des Ehepaares wird vom elterlichen Subsystem verschluckt, da sich das Leben der Eltern hauptsächlich um die Kinder dreht. Der Gemeinschaft der Ehepartner wird keine hinreichende Aufmerksamkeit gewidmet, sie kann daher ungemein leiden. Die Kinder hängen zu sehr an den Eltern und werden auf dem Weg zu Autonomie und Selbstständigkeit behindert.

Oft entstehen in Familien auch Probleme, weil die Grenze zwischen den Generationen zu diffus ist. Ein Beispiel: Die Mutter und die Tochter im Teenageralter haben ein außergewöhnlich enges Verhältnis und lassen den Vater bei Gesprächen und Aktivitäten oft außen vor. Um mehr Interaktion mit der Mutter herbeizuführen, könnte er Streit über Alltagskram anzetteln. Oder er befriedigt sein Bedürfnis nach Nähe mit seinen Kumpeln auf dem Golfplatz oder mit einer Kollegin bei der Arbeit. Wieder ist der Systemtherapeut nicht so sehr an der Frage interessiert, »warum« das Problem entstanden ist, sondern an den Mustern, die es am Leben erhalten. In dieser Familie ist das relevante Thema die Distanz zwischen Vater und Mutter.

Salvador Minuchin hat auch eine Technik zur Illustration der Hierarchien und Grenzen zwischen den Individuen und den Subsystemen eingeführt: die Familienlandkarte, die sich an das Genogramm anlehnt.

Die Grenzen werden in ihr so dargestellt:

DIFFUS - - - - - - - - - - - - - - (verstrickte Beziehungen)
STARR – — — — — — — — (uninteressierte, distanzierte Beziehungen)
KLAR – — – — – — – — – (klare, aber flexible Beziehungen)

Abb. 2.5: Darstellung der Grenzen

Hier die Bedeutung der Grenzen im oben genannten Beispiel:

Die Landkarte der Familie, in der sich Mutter und Tochter außerordentlich nahestehen, während der Vater auf Distanz ist, sieht zu Beginn der Therapie so aus:

Starre Grenze zwischen M und V
Starre Grenze zwischen V und T
Diffuse Grenze zwischen M und T

Abb. 2.6: Grenzen in der Familie vor der Therapie

Das Ziel der Therapie ist, dass sich die Eltern wieder auf gesunde Weise annähern und der Tochter erlauben, zu beiden Zugang zu haben, während sie zu einer unabhängigeren, autonomeren Erwachsenen wird. Das würde in der Familienlandkarte so aussehen:

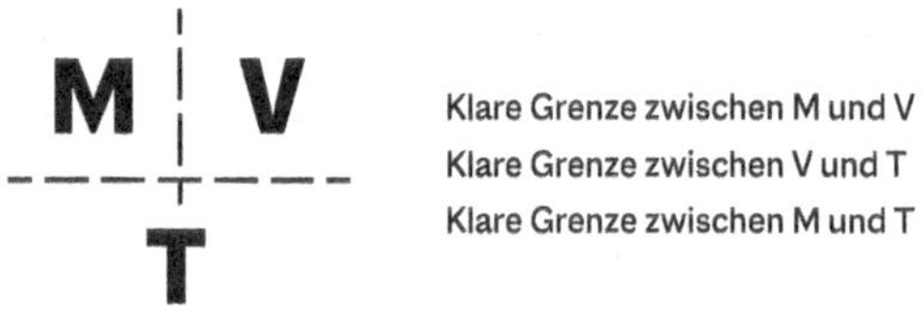

Abb. 2.7: Grenzen in der Familie nach der Therapie

Es gibt auch Familien, in denen die Nähe der Mutter zur Tochter in keiner Weise mit einer Distanz zwischen den Eltern einhergeht. Die Beziehung des Elternpaares mag reibungslos funktionieren und die Nähe von Mutter und Tochter mag, für sich gesehen, ein Problem sein oder auch nicht. Erst wenn diese Nähe einen negativen Einfluss auf andere Familienmitglieder oder andere Beziehungen in der Familie ausübt, wird sie zum Problem. Es könnte dann sein, dass die Tochter von einer gesunden Entwicklung abgehalten wird oder dass sich ihre Geschwister vernachlässigt oder »weniger wert« fühlen.

Der Weg zu klaren Grenzen

Es gibt Zeiten, in denen ein Kind klare, gesunde Grenzen will und sich bemüht, sie herzustellen. Das ist am häufigsten bei Teenagern der Fall.

Als ich 16 Jahre alt war, fiel mein Vater vom Dach und brach sich unterhalb des Nackens fast alle Knochen auf der linken Körperseite. Er konnte einige Monate nicht Auto fahren. Meine Mutter hatte keinen Führerschein, deshalb wurde ich als 16-Jährige zur Fahrerin der Familie. Ich war dafür verantwortlich, meinen jüngeren Bruder und meine jüngere Schwester überall hinzufahren und wieder abzuholen. Ich brachte meine Mutter ins Krankenhaus und fuhr sie wieder nach Hause und machte alle Besorgungen für die Familie.

Ich rückte also wegen der Notlage in der Hierarchie der Familie in das elterliche Subsystem auf – mit dem Gefühl, dass das mehr Verantwortung mit sich brachte, als ich mir wünschte.

Nach einigen Monaten bestand ich darauf, dass meine Mutter den Führerschein machte. Sie stimmte zu. Beim ersten Mal, als ich sie mitnahm, damit sie auf einer nahe gelegenen Landstraße üben konnte, lief ihr ein Golden Retriever vors Auto, der durch den Aufprall sofort starb. Der Hundebesitzer und ich versuchten, meine Mutter zu überzeugen, dass es nicht ihr Fehler gewesen war. Niemand hätte rechtzeitig ausweichen können. Sie reagierte aber hysterisch und verkündete, sich nie wieder ans Steuer zu setzen!

Zuerst war ich traurig und entmutigt. Es dauerte aber nicht lange, bis ich beschloss, dass es so nicht weitergehen konnte. Ich wartete ein paar Tage, bevor ich mit den Autoschlüsseln in der Hand in die Küche ging. Ich sagte ganz ruhig und deutlich: »Lass uns eine Ausfahrt machen.«

Stille. Meine Mutter blickte mich an wie ein Reh im Scheinwerferlicht. »Los, komm«, überredete ich sie. Sie stimmte zu, und nach ein paar Wochen hatte sie ihren Führerschein. Und ich konnte wieder Teenager sein und meinen Platz im Subsystem der Kinder einnehmen!

Das Thema »Grenzen« spielt nicht nur zwischen Eltern und Kindern eine Rolle, sondern auch im Verhältnis zu anderen, entfernteren Mitgliedern der Familie. Ein Beispiel ist die Generationengrenze mit den Großeltern. Es gibt Situationen, in denen die Großeltern mehr Autorität gegenüber den Enkeln ausüben als deren Eltern. Wenn dann beispielsweise der Vater als Vater auftreten will, ignoriert ihn das Kind und geht zum Großvater. Großeltern können also die Stellung der Eltern untergraben. Das kommt oft vor, wenn die Großeltern die Enkel verhätscheln. Keine dieser Situationen ist von Nachteil, solange sie nicht zu häufig vorkommt und nicht zu einem eingefahrenen Muster wird. (Das sage ich als liebevolle Großmutter – schuldig!)

Verwandlung ungesunder starrer Grenzen

Ich erlebte einmal eine Wunderheilung, als ich mit einer Familie arbeitete, die nur aus der Mutter und ihrem Sohn im Teenageralter bestand. Zwischen dem Sohn und der Mutter hatte sich eine starre Grenze gebildet, dadurch, dass er keinen Zugang zu seiner Mutter hatte, wie er ihn in seiner Entwicklungsphase gebraucht hätte.

Die Eltern hatten sich scheiden lassen, als der Sohn zehn Jahre alt war. Zur Zeit der Scheidung hatte noch ein weiterer Sohn in der Familie gelebt, der aber älter war, inzwischen seinen Schulabschluss gemacht hatte, ausgezogen war und studierte. Der jüngere Sohn war verantwortungsbewusst und eigenständig. Die Familie wurde aber zu mir überwiesen, weil er Anzeichen von Depression zeigte. Er bekam auch in einigen Fächern schlechte Noten, was vor diesem, seinem letzten Schuljahr nie vorgekommen war.

Die Mutter hatte einen äußerst stressreichen, anspruchsvollen Job als CEO in einer großen Firma. Sie arbeitete meist lange und kam spät nach Hause. Kürzlich hatte sie einen Mann in einem anderen Bundesstaat kennengelernt und fuhr oft übers Wochenende zu ihm. Ich traf mich bei mehreren Sitzungen gemeinsam mit Mutter und Sohn, sodass ich das Problem von beiden Seiten geschildert bekam. Ich fragte auch nach der Familiengeschichte. Danach traf ich Mutter und Sohn zu getrennten Sitzungen. Der Sohn sagte mir, er sei glücklich, dass die Mutter einen neuen Freund habe, und er habe ihn auch gern. Ich glaubte ihm, dass das ehrlich gemeint war.

Beim genauen Zuhören merkte ich, dass der Sohn seine Mutter *vermisste.* Deshalb vertrat ich bei der nächsten Sitzung mit beiden die Hypothese, dass der Sohn mehr »Bemutterung« brauche, bevor er im Herbst mit dem Studium anfangen würde. Die beiden schauten mich an, als hätte ich den Verstand verloren. Ich beharrte aber auf meiner Hypothese und fragte sie dann, ob sie zu einem Experiment bereit seien. Beide stimmten zu. Ich bat die Mutter, ihrem Sohn zu versprechen, zwei Tage in der Woche so früh nach Hause zu kommen, dass sie zusammen essen konnten. Der Sohn war über diese Idee so begeistert, dass er anbot, das Essen zuzubereiten! Sie planten also ein Menü, die Mutter kaufte alles Nötige ein, und der Sohn oder auch beide bereiteten das Essen zu. Als ich sie zwei Wochen später sah, war der Sohn merklich weniger depressiv. Und nach weiteren vier Wochen waren auch die Noten in der Schule wieder auf Kurs.

Was wäre geschehen, wenn der Sohn seine Therapie allein begonnen und seine Depression im Mittelpunkt gestanden hätte und nicht die Beziehungen in der Familie, also in diesem Fall die Beziehung zu seiner Mutter? Sehr oft bringen wohlmeinende Eltern ihre Kinder zu einer Einzeltherapie, während in Wirklichkeit eine Familientherapie nötig wäre. Natürlich hat auch die Einzelarbeit mit Kindern ihren Platz und kann hilfreich sein – *solange* die Beziehungen innerhalb der Familie nicht vernachlässigt werden.

Grenzen der Familie zur Außenwelt

Es gibt auch Grenzen zwischen der Familie und der Außenwelt. Öffnet eine Familie diese Grenzen, heißt das, dass ihre Mitglieder die Freiheit haben, nach außen zu gehen und sich zu entfalten. Es heißt auch, dass sich die Familie in ihrer Welt über neue Ideen und Menschen von außen freut.

Eine Familie mit *offenen Grenzen* nach außen wird gewöhnlich als etwas Gesundes und Positives eingeschätzt. Ich habe aber auch Familien kennengelernt, die fast keine Grenzen zur Außenwelt hatten oder deren Grenzen so weit offen waren, dass Familienmitglieder darunter litten. Ein Beispiel dafür sind Familien, deren »Tür immer offen« ist: Ständig kommen und gehen Leute. Die Privatsphäre der Mitglieder wird nicht oder nur minimal respektiert. Chaos ist die Norm.

Umgekehrt ist ein *geschlossenes Familiensystem* vom Rest der Welt abgeschnitten. Es ist gegenüber Änderungen immun. Ich habe kein geschlossenes System kennengelernt, in dem nicht mindestens ein Mitglied zutiefst litt. Geschlossene Familiensysteme bilden sich gewöhnlich, wenn die Außenwelt in irgendeiner Weise bedrohlich erscheint. Vielleicht, weil die Familie ein Geheimnis verbirgt, beispielsweise Gewalt oder sexuellen Missbrauch, eine Geisteskrankheit oder die Abhängigkeit von Suchtmitteln.

Zusammengefasst ist zu sagen: Eine klare, also keine diffuse oder starre Grenze zwischen der Familie und der Außenwelt ist die beste Lösung. Eine solche klar definierte Grenze erlaubt Offenheit und ist für die Gesundheit und das gute Funktionieren der Familie optimal.

Änderungen in den Subsystemen

Das Leben in einer Familie ändert sich im Verlauf der Zeit. Nach den Theorien der Entwicklung von Familien gibt es Schlüsselmomente im Ablauf des Familienlebens, die Änderungen der Struktur erfordern, damit die Familie weiter funktionieren kann. Wie schon angemerkt, können diese Schlüsselmomente vorhersagbar sein oder überraschend kommen. Zu den vorhersagbaren Ereignissen gehören eine Hochzeit, die Geburt eines Kindes, der Schuleintritt der Kinder, ihr Erwachsenwerden und ihr Auszug.

Auch überraschende Krisen stellen eine Herausforderung für die Familie dar und können neue Wege erfordern, sich zu strukturieren. Der Tod eines Familienmitglieds kann, besonders wenn er unerwartet oder allzu früh kommt, eine Familie in eine Krise und ins Chaos stürzen. Eine Scheidung, Arbeitslosigkeit, Krankheit, Inhaftierung, die ökonomischen Zwänge und ein Krieg sind einige der Faktoren, die einen Wandel in der Funktionsweise und Struktur der Familie erfordern.

Eine Scheidung hat eine ganze Kaskade von Änderungen in den Subsystemen zur Folge, die nicht nur die Funktionsweise und die Beziehungsmuster des Paares, das sich scheiden lässt, sondern die ganze Familie beeinflussen. Hat das geschiedene Paar Kinder und der Mann oder die Frau oder beide heiraten wieder, wird die Reorganisation der Familienstruktur im Hinblick auf das Funktionieren der Familie noch komplizierter.

Aus meiner Praxis kenne ich zwei Fallen, in die Stieffamilien häufig tappen. Im ersten Fall tritt das neu verheiratete Paar in seiner Patchworkfamilie auf, als wäre es eine *intakte* Kernfamilie. Eine intakte Kernfamilie besteht aber aus zwei verheirateten Erwachsenen, die mit ihren Kindern im gleichen Haushalt leben und eine Einheit darstellen. Sind die Kinder schon größer, wird die Patchworkfamilie gewöhnlich keinen Erfolg beim Versuch haben, die vorherigen Rollen, Regeln, Funktionsweisen und Erwartungen zu übernehmen, die sie in ihren Kernfamilien hatten. Patchworkfamilien müssen eine neue Struktur entwickeln, die sich von der alten unterscheidet. Die Denkweisen der intakten Kernfamilie werden nicht funktionieren!

Der zweite Fall tritt typischerweise auf, wenn die Stiefeltern nicht verstehen, dass sie ein anderes Verhältnis zu den Stiefkindern haben als die echten Eltern. Das hat zahlreiche Auswirkungen, die ich aber in diesem Buch nicht behandeln kann. Es gibt zum Glück viele gute Bücher, Blogs und Podcasts, die sich mit den Problemen von Stiefeltern und Stiefkindern auseinandersetzen. Ich will aber wenigstens einen Grundsatz unterstreichen: Die echten Eltern müssen unbedingt die *primären* Elternteile ihrer biologischen Kinder bleiben, insbesondere wenn es in der neu gebildeten Familie Teenager gibt.

Überfunktionieren – unterfunktionieren

Bisweilen führen die Umstände zu einem Über- oder auch Unterfunktionieren im Subsystem der Eltern.

Die überfunktionierende Person des Subsystems bezieht sich auch über die Maßen ein: Sie ist überinvolviert und gewährt wenig Autonomie. Überfunktionierende Personen können auch zu viel Verantwortung für das Funktionieren der Familie übernehmen. Sie denken oft, dass es ihr Job sei, sich um die anderen zu kümmern, selbst wenn das gar nicht nötig und oft auch ungesund ist. Sie neigen dazu, ihre eigenen Wünsche und Bedürfnisse zurückzustellen, und laufen Gefahr, seelisch und körperlich krank zu werden. Sind sie überinvolviert, sorgen sie sich ohne Grenzen um alle und alles. Ihr Verhalten wird dann gern von den Betroffenen als Kontrolle und Anmaßung empfunden. Überinvolvierte Mütter werden oft als *Helikoptermütter* beschrieben, die ständig über ihrem Kind kreisen.

Überfunktionieren ist manchmal nicht zu vermeiden, es muss aber gut gehandhabt und, wann immer möglich, reduziert werden, um ein gesundes Gleichgewicht für alle Familienmitglieder aufrechtzuerhalten.

Personen, die *unterfunktionieren*, übernehmen wenig Verantwortung für das Ganze. Manchmal handeln sie indifferent und unverantwortlich. Sie können emotional distanziert und unerreichbar wirken.

Die Struktur des Familiensystems bestimmt, wer von den Eltern über- oder unterfunktioniert. Gewöhnlich fällt die Rolle des *Überfunktionierens* der Mutter zu und sie übernimmt die Rolle meist auch bereitwillig. Manchmal bedingen auch äußere Umstände die Rollenverteilung. Hat beispielsweise der Vater einen

Unfall oder wird krank, muss die Mutter überfunktionieren, um die Familie, so gut es geht, am Laufen zu halten.

Über- und Unterfunktionieren kann sich in einer Familie beispielsweise so ausdrücken, dass der eine Elternteil, der die Familie finanziell versorgt, auch den Haushalt schmeißt und sich um die Kinder kümmert, während der andere den ganzen Tag tut, was er will, ohne die Bedürfnisse der Familie zu berücksichtigen.

Ich denke an eine Familie, in der der Vater tagsüber zur Arbeit geht und auf dem Nach Hauseweg alles für das Abendessen einkauft, dann die Hausaufgaben der Kinder kontrolliert und sie zu Bett bringt.

Seine Frau hat dagegen ihren Tag auf dem Tennisplatz oder beim Kaffeekränzchen verbracht. Sie hat schon einige Eierlikörchen zu sich genommen, bevor die Kinder von der Schule nach Hause kommen. Dann macht sie ein Nickerchen und steht rechtzeitig auf, um mit der Familie zu Abend zu essen. Nach dem Essen trinkt sie weiter. Das ist ein schönes Beispiel für eine überfunktionierende Person (der Vater) und eine unterfunktionierende Person (die Mutter).

Es gibt auch Situationen, in denen das Über- oder Unterfunktionieren nicht so eindeutig verteilt ist. Ich bin auf viele Familien getroffen, in denen sich zwar *beide* Elternteile um die finanziellen Aspekte kümmern, damit die Familie versorgt ist und die Wohnung gehalten werden kann, aber *nur ein* Elternteil die Verantwortung für die Kinder übernimmt. In diesem Fall funktionieren beide Eltern in einem Bereich, den Finanzen, gut, aber ein Elternteil überfunktioniert, was die Verantwortung für die Kinder betrifft, während der andere dort unterfunktioniert und sich wenig um die Kinder kümmert.

Ich habe viele Paare gesehen, deren vorherrschendes Problem in der Paartherapie war, dass sich die überfunktionierende Person gekränkt, verletzt und oft allein fühlte. Es ist fast immer so, dass der überfunktionierende Partner den unterfunktionierenden Partner zur Eheberatung mitbringt. Der überfunktionierende Partner beschreibt seinen Partner gewöhnlich als »faul« oder selbstbezogen. Das mag der Fall sein. Es gibt auch Situationen, in denen der unterfunktionierende Partner das Beste leistet, was er augenblicklich leisten kann, möglicherweise, weil er mit einer tiefen Trauer kämpft oder eine seelische Krankheit hat. Er kann aber auch tatsächlich »faul« und selbstbezogen sein.

Alle zahlen einen Preis, wenn Familienmitglieder auf extreme Weise über- oder unterfunktionieren. Je besser sich das Elternsubsystem auf ausgewogene, gleichberechtigte Beziehungen stützen kann, umso gesünder ist das Familiensystem.

Ist das Überfunktionieren eines Elternteils bei Familien mit Vater und Mutter eine Ausnahme, so ist es bei *Alleinerziehenden* die Regel. Sie müssen darauf achten, keinem Kind eine Elternrolle zuzuweisen, die dem Kind die Freiheit nimmt, Kind zu sein. Es ist auch wichtig, dass Alleinerziehende sich um sich selbst kümmern und sich nicht übermäßig einmischen, wenn das gar nicht nötig ist.

Rollen und Regeln

Der andere Weg, auf dem Familien sich selbst strukturieren, ist über die Definition der Rollen der Familienmitglieder. Manche Familien kommen zur Therapie, weil es Probleme mit diesen Rollen und den damit verbundenen Verantwortlichkeiten gibt. Für ein neues Paar ist es nicht ungewöhnlich, in der Therapie darüber zu diskutieren, wie die beiden die Rollen, die von ihnen verlangt werden, handhaben sollen. Wer verdient das Geld? Wer kümmert sich um die Finanzen? Wer ist für das Kochen und Putzen zuständig? Wer ist für die Kinder verantwortlich? Wer sorgt sich um die sozialen Kontakte? Von wem kommt die emotionale Unterstützung? All diese Aufgaben müssen erledigt werden, damit die Familie funktionieren kann.

Dabei muss die Rolle in der Familie nicht mit einer bestimmten Aufgabe verbunden sein. Die Rolle mag auch ein emotionales oder zwischenmenschliches Bedürfnis der Familie erfüllen. So kann zum Beispiel jemand die Rolle des mitfühlenden Beraters einnehmen. Hat ein Familienmitglied ein Problem, sucht es Hilfe bei der Person, die diese Rolle innehat.

Manchmal passen die Aufgaben, die von den Familienmitgliedern erledigt werden müssen, genau zu den Rollen, die sie haben, und sie werden durch die Aufgabe *und* die Rolle definiert: die Geldverdienerin, der Koch, die Hausmeisterin, der Problemlöser.

Es gibt aber auch Familien, in denen eine Person eine Aufgabe erledigt, ohne die entsprechende Rolle zu erfüllen. Es kann jeweils mehr als ein Familienmitglied die Familie finanziell unterstützen, kochen, putzen oder sich um die Kinder kümmern.

Aufgaben und Rollen sind also nicht unbedingt das Gleiche. Sind sie es, muss das nichts Schlechtes sein. Das kann es aber werden, wenn jemand sich gefangen oder überlastet fühlt und dadurch in physische oder emotionale Not gerät oder gar krank wird.

Die Zuschreibung einer Rolle kann mit dem Geschlecht und dem Platz in der Geburtsreihenfolge zu tun haben – etwa wenn vom jüngsten weiblichen Familienmitglied erwartet wird, sich um die Eltern zu kümmern, wenn sie alt werden. Das ist ein Beispiel für eine Rolle, die durch den Zeitpunkt der Geburt bestimmt wird, eine Rolle, die einem »aufgestempelt« wird. Ein anderes Beispiel ist ein Sohn, der in eine Familie hineingeboren wird, in der Generationen von Männern Anwälte waren. Er ist von vornherein dazu bestimmt, sich um die Familienkanzlei zu kümmern.

Kinder werden oft in die Rolle gezwängt, »süß«, »niedlich« oder »lustig« zu sein. Hat sich eine Rolle eingebürgert, wird das oft zum Problem. Wenn nur einer der Söhne der Held sein darf und auch unbedingt ein Held sein muss, kann das zu Störungen führen. Das Gleiche gilt für den Sündenbock, die Clownin oder den Pfleger der Familie. Ist eine Familie flexibel und erlaubt es allen Familienmitgliedern, ihre Rollen aufzukündigen und wieder einzunehmen, wird es weniger wahrscheinlich, dass eines oder mehrere der Familienmitglieder leiden.

*****

Ich fasse die wichtigsten Ergebnisse dieses Kapitels noch einmal zusammen:

In einem gesunden Familiensystem kümmern sich alle Familienmitglieder umeinander. In einem ungesunden Familiensystem werden die Familienmitglieder geopfert, um sich um das System zu kümmern.

- Die Struktur eines Familiensystems ist für die Gesundheit seiner Mitglieder wichtig.

- Es ist wichtig, dass es in einer Familie mit Kindern eine Hierarchie gibt und ein Subsystem, das Verantwortung übernimmt. Gewöhnlich sind das eins oder mehrere Elternteile.
- In gesunden Familien gibt es klare Grenzen zwischen den Subsystemen. Diese Grenzen sind verbindlich und flexibel zugleich.
- Eine gesunde Familie weist keine starren Rollen zu, in denen ein Familienmitglied gefangen ist, und vermeidet so Leiden.
- Eine gesunde Familie ermuntert ihre Mitglieder dazu, auf gesunde Weise mit der Außenwelt zu interagieren.

Man muss immer daran denken, dass eine Familie mehr ist als eine bloße Wohngemeinschaft. Die Familienmitglieder teilen auch einen psychologischen Raum. Es ist wichtig, das bei allen Interaktionen in der Familie zu berücksichtigen.

Wie sieht Ihre Familienstruktur aus?

Ich lade Sie ein, auf Ihre Gefühle zu achten, wenn Sie die Antworten auf die folgenden Fragen überdenken.

Struktur und Hierarchie

Beantworten Sie die Fragen zunächst für Ihre Herkunftsfamilie, die Familie, in die Sie hineingeboren und in der Sie groß geworden sind. Denken Sie danach an Ihre derzeitige Familie und stellen Sie sich die gleichen Fragen. Was ist ähnlich? Was ist verschieden?

1. Falls es in Ihrer Familie eine alleinerziehende Mutter oder einen alleinerziehenden Vater gab: Haben ein oder mehrere Kinder eine Erwachsenenrolle eingenommen?
2. Falls ein Großvater oder eine Großmutter in Ihrem Haushalt lebten: Gab es ein Durcheinander, wenn es darum ging, wer das Sagen hatte?
3. Zogen die Eltern an einem Strang oder nicht? Wissen Sie, wie die Familienstruktur Ihrer Eltern aussah, als sie klein waren?
4. Wer bestimmte das emotionale Klima der Familie? (Ich denke dabei an den oft gehörten Spruch: »Wenn Mama nicht glücklich ist, ist keiner glücklich.«)
5. Was wurde Ihnen darüber vermittelt, wer in der Familie das Sagen haben sollte?

Überinvolviert oder unterinvolviert?

1. War mindestens ein Elternteil überinvolviert, was mindestens ein Kind betraf?
2. Waren die Eltern oder ein Elternteil nur am Rande beteiligt, also unterinvolviert?

Funktionsweisen

1. Welche Art wählten die Eltern im Umgang mit den Kindern? Ich erinnere an die drei Möglichkeiten:
   - **Demokratisch:** Die Kinder haben eine Stimme. Sie können zwischen verschiedenen Optionen wählen und ihre Meinungen werden berücksichtigt. Die letzte Entscheidung treffen aber die Eltern. Die Regeln sind klar und flexibel. Werden die Regeln gebrochen, reagieren die Eltern mit angemessenen Konsequenzen.
   - **Autokratisch:** Die Eltern legen die Regeln fest. Die Regeln sind klar, aber nicht flexibel. Werden sie gebrochen, hat das Konsequenzen. Oft reagieren die Eltern mit einer Bestrafung, die unfair ist und keinen Bezug zu dem »Verbrechen« hat.
   - **Permissiv:** Es gibt sehr wenige Regeln, alles ist auf die Kinder fokussiert. Bricht ein Kind eine Regel, gibt es oft nur unbedeutende Konsequenzen.
2. Waren die Forderungen an Benehmen und Disziplin fair und stimmig? Oder nicht stimmig? Oder gab es keine? Oder waren sie übermäßig hart?
3. Richtete sich die Aufmerksamkeit eher auf unerwünschtes (schlechtes) Verhalten oder auf erwünschtes (gutes) Verhalten?

4. Stand eher positive Verstärkung (Belohnung für positives Verhalten) oder negative Verstärkung (Bestrafung für negatives Verhalten) im Vordergrund?
5. Haben Sie sich jemals dabei ertappt, Dinge so zu tun wie ein anderes Mitglied Ihrer Herkunftsfamilie? Wer war Ihrer Ansicht nach das einflussreichste Vorbild für die Entwicklung Ihres Verhaltens?
6. Wie haben Sie als Kind Ihre Eltern belohnt oder bestraft? Was war die wirkungsvollste Strafe? Verwenden Sie diese Mittel der Belohnung oder Bestrafung immer noch gegenüber Ihren Eltern? Gegenüber Ihrer Partnerin beziehungsweise Ihrem Partner? Gegenüber Ihren Kindern?

Wenn Sie sich mit diesen Fragen zu Vergangenheit und Gegenwart beschäftigt haben, ermutige ich Sie dazu, darüber nachzudenken, was Sie eventuell im Hier und Jetzt anders machen wollen.

Kapitel 3

Ist es gut, zu sagen, was man meint, und zu meinen, was man sagt?

Rollen, Regeln, Muster und Möglichkeiten der Kommunikation

»In unserer Familie war ein Erlebnis noch nicht zu Ende, nicht wirklich erlebt, bevor es aufgeschrieben worden war oder man anderen davon berichtet hatte.«
ANNE MORROW LINDBERGH

Ich war oft amüsiert, wenn ein Paar oder eine Familie mit einem Teenager in die Therapie kam und klagte: »Wir reden einfach nicht miteinander.«

Paul Watzlawick, der in Villach (Kärnten) geborene amerikanische Familientherapeut, Psychologe, Kommunikationstheoretiker und Philosoph, hat mit Don Jackson und anderen wichtige Beiträge zur Systemtheorie geliefert, die die Kommunikation betreffen.

Demnach liegt dem Kommunikationsmodell zugrunde:

- Alles Verhalten ist Kommunikation, hat also Mitteilungscharakter.
- Man kann nicht *nicht* kommunizieren.
- Man kann sich nicht *nicht* verhalten.[1]

Eine der frühen Familientherapeutinnen, Virginia Satir, schrieb: »Kommunikation ist ein riesiger Regenschirm, der alles umfasst, was unter Menschen vor sich geht. [...] Sobald ein Mensch zur Welt gekommen ist, ist Kommunikation der einzige und wichtigste Faktor, der bestimmt, welche Art von Beziehungen er mit anderen eingeht und was er in seiner Umwelt erlebt. Wie er zurechtkommt mit seinem Leben, wie er vertraute Beziehungen knüpft, wie produktiv er ist, wie er einen Sinn findet, wie er mit seinem persönlichen Gott verbunden ist, all dies hängt weitgehend von seinen Kommunikationsfähigkeiten ab.«[2]

Unter Profis, die sich mit der seelischen Gesundheit befassen, ist allgemein anerkannt, dass das Selbstbewusstsein von jemandem, der keine Gefühle haben und/oder diese Gefühle nicht angemessen ausdrücken darf, auf der Kippe steht. Erfolgreiche Beziehungen sind von einer guten Kommunikation und von der Fähigkeit abhängig, Probleme lösen zu können.

Den meisten von uns wurde schon früh im Leben bewusst, dass Kommunikation sowohl *verbal* als auch *nonverbal* erfolgt. Wir wissen, dass der Klang der Stimme, der Tonfall, Gesten, die Körpersprache, der Gesichtsausdruck und Änderungen der Atmung sehr viel über die Worte hinaus ausdrücken. Viele von uns sind

1 Watzlawick/Bavelas/Jackson: Menschliche Kommunikation, 2017, S. 50 f.
2 Satir: Selbstwert und Kommunikation, 2011, S. 39.

mit Sätzen wie »Taten zählen mehr als Worte« und »Tue, was ich sage, und nicht, was ich tue« aufgewachsen.

Ich habe immer wieder beobachtet, dass wir dazu neigen, uns selbst *nicht* zu hören. Wir kennen die Worte, die wir aussprechen, aber wir kennen die Botschaft nicht, die wir damit aussenden. Oft drücken wir unsere Enttäuschung, unseren Ärger und unser kritisches Urteil über die anderen nonverbal aus.

Virginia Satir hat fünf »Rollen« beschrieben, die Familienmitglieder bei der Kommunikation einnehmen. In jeder dieser Rollen wird entweder vom Sender oder vom Empfänger der Botschaft ein emotionaler Aspekt verleugnet.[3]

- **Beschwichtiger (placater[4])**
  versuchen um jeden Preis, anderen zu gefallen. Sie wirken oft schwach und passiv.
- **Ankläger (blamer)**
  beschuldigen schnell andere. Sie werten gern und wirken schnell unsympathisch.
- **Rationalisierer (computer, superreasonable)**
  gehen extrem logisch an alles heran und scheuen vor Gefühlen zurück.
- **Ablenker (distractor, irrelevant)**
  lenken in der Kommunikation ab, ohne auf andere Rücksicht zu nehmen.

---

3 Satir: Kommunikation ist ein riesiger Regenschirm, 2018, S. 89 ff.

4 Ich habe im Folgenden in einigen Fällen auch die englischen Begriffe angegeben, um die Suche in der englischsprachigen Literatur zu erleichtern. (Anm. d. Ü.)

Eine weitere Rolle würde ich noch ergänzen: die des Besserwissers, also eines Menschen, der *immer* recht haben will (und muss). Ich frage meine Klienten oft: »Möchten Sie lieber glücklich sein oder recht haben?« Es scheint, dass sich viele Menschen, manchmal ohne es zu wissen, fürs Unglücklichsein entscheiden und strikt an dem Konzept festhalten, recht zu haben.

Die meisten von uns kennen diese verschiedenen Kommunikationsarten. Ideal wäre aber, wenn wir alle

- **kongruente Kommunikatoren**
  wären, die eine Kommunikation pflegen, in der Worte und Gefühle übereinstimmen.

Für eine kongruente Kommunikation muss man in der Lage sein, die eigenen Gedanken und Gefühle zu erkennen und zu kommunizieren, aber auch die Gedanken und Gefühle des Kommunikationspartners zu identifizieren und ihnen zuzuhören.

Stimmt die verbale Botschaft nicht mit der nonverbalen überein, kann das beim Empfänger der Botschaft zu Spannungen führen.

Ein Beispiel: Ein Vater sagt in einem ärgerlichen Ton mit finsterem Blick zu seinem Kind: »Ich hab dich lieb.« Die verbale Botschaft passt nicht zur nonverbalen, die beiden sind inkongruent. Das Kind ist verwirrt und verliert die Orientierung. Ist es häufig dieser inkongruenten Kommunikationsform ausgesetzt, kann es ernsthafte emotionale Schäden davontragen. Manchmal kann eine solche Inkongruenz geradezu verrückt machen.

Bei der Kommunikation geht es um das *Senden* und *Empfangen* von Botschaften. Das Zuhören ist entscheidend. Ob sich Familienmitglieder nicht nur für den Inhalt der Botschaft des Senders interessieren, sondern auch für die Gefühle, die ihr zugrunde liegen, bestimmt, bis zu welchem Grad Intimität erfahren werden kann. Wie schon angemerkt: Das Maß der Intimität ist auf direkte Weise mit der Sicherheit und Geborgenheit verbunden, die jemand in einer Beziehung erfährt.

Arbeite ich mit einem Paar oder einer Familie, kann ich oft ohne große Mühe beurteilen, wie sicher und geborgen sich die Familienmitglieder fühlen, indem ich eine einfache Frage stelle: »Habt ihr alle den Eindruck, dass es ungefährlich ist, eure Gedanken und Gefühle zu teilen?«

Ist es für mich sicher, wenn ich mit dir teile, wer ich wirklich bin und was ich wirklich fühle? Wirst du mir gegenüber ehrlich und aufrichtig sein?

Bei den Antworten achte ich auf die Worte, den Tonfall und das nonverbale Verhalten. Jemand kann mit »Ja« antworten, aber dabei nach unten schauen und mit kaum hörbarer Stimme sprechen. Die verbale und die nonverbale Antwort stimmen nicht überein. Das Fehlen von Kongruenz wäre ein Hinweis darauf, dass sich der Sprecher nicht sicher genug fühlt, um seine ehrlichen Gedanken und Gefühle zu teilen.

Oft wird Intimität mit Sex gleichgesetzt. In Wirklichkeit ist aber wahre Intimität direkt damit verbunden, wie sicher wir uns in einer Beziehung fühlen. Das Ausmaß, in dem jemand Sicherheit und Geborgenheit empfindet, wirkt sich auf den Grad seiner Zufriedenheit in der Beziehung und auf sein Selbstwertgefühl aus.

Einer der Lieblingssprüche meines Vaters war: »Sag, was du meinst, und meine, was du sagst.«[5] Ich habe das immer für eine

5 *Sag, was du meinst, und du bekommst, was du willst* ist der Titel eines Buchs von George Walther über »Power-Talking«. (Anm. d. Ü.)

wirklich gute Regel fürs Leben gehalten. Das Problem ist nur, dass andere diese Philosophie nicht immer schätzen. Manchmal wollen sie nicht hören, was ich zu sagen habe. Sie fühlen sich wohler mit der Regel »Wenn du nichts Nettes sagen kannst, sag lieber überhaupt nichts«. Dieser Satz kann nützlich sein, insbesondere wenn es darum geht, etwas relativ Unwichtiges zu beurteilen oder zu kritisieren. Ein Beispiel wäre, wenn eine Frau unverlangt das Kleid einer Freundin kritisiert, weil es nicht schmeichelhaft sei. Was soll's? Sie trägt es nun mal. Sie hat Sie nicht um Ihre Meinung gebeten. Solange sie das nicht tut, halten Sie sich zurück!

Oft teilen wir unsere wichtigen Gedanken und Gefühle nicht mit anderen, weil wir Angst haben, sie damit aufzuregen oder von ihnen zurückgewiesen zu werden. Ich glaube, zu sagen, was man meint, und zu meinen, was man sagt, erfordert ein starkes Selbstwertgefühl. Es kann aber auch dazu verhelfen: In einer Familie zu leben, die es nicht nur erlaubt, zu sagen, was man meint, sondern dazu ermutigt, kann zu einer positiven Erfahrung für alle Familienmitglieder führen. Wenn es in einer ehrlichen, offenen und rücksichtsvollen Weise geschieht, kann zu sagen, was man meint, und zu meinen, was man sagt, eine Möglichkeit zum Persönlichkeitswachstum bieten und Beziehungen vertiefen. Wird es aber verwendet, um andere zu verletzen oder herabzusetzen, hat es negative Auswirkungen auf Persönlichkeit und Beziehungen.

Wie kommt man zu einer gesunden Kommunikation in der Familie?

Die beste Gelegenheit zu einer intimen oder *verbindenden* Kommunikation haben wir in unserer Familie. Hier können wir lernen, wie man Verbindungen aufbaut und sie aufrechterhält.

Sowohl innerhalb wie außerhalb der Familie pflegen wir eine Kommunikation, die informativ, konfrontativ, motivierend und/oder intim ist. Wir lösen Probleme, schimpfen und diskutieren. Wenn es gut läuft, erfahren wir Nähe und Intimität – und können unsere Hoffnungen, Träume und Ängste, unsere Traurigkeit und unsere Freude teilen. Wir hören zu und antworten auf den verschiedensten Ebenen. Gelingt das einer Familie gut, ist es wahrscheinlicher, dass die Familienmitglieder Sicherheit und Wohlergehen verspüren.

Erst wenn wir in die Schule kommen, findet ein großer Teil unserer Kommunikation außerhalb der Familie statt. Diese Begegnungen mit der Außenwelt beeinflussen unser Selbstgefühl ebenfalls, aber im Allgemeinen nicht im selben Maß wie das, was innerhalb unserer Familie passiert.

Destruktive Kommunikationsformen

Jede Familie hat einen Satz von Regeln, die sie ihren Mitgliedern vermittelt. Sie legen fest, welche Art von Kommunikation erlaubt ist und welche nicht. Es gibt gesunde und ungesunde Kommunikation. »Kinder soll man sehen, aber nicht hören« ist ein Beispiel für eine Familienregel, die eine gesunde Kommunikation *nicht* ermutigt. Eine ungesunde Kommunikation schließt destruktive Formen ein. Sie dienen dazu, jemanden zu verletzen oder

Schuldgefühle zu wecken. Einige Kommunikationsformen sind fast immer destruktiv und ruinieren garantiert Beziehungen.

- **Beschuldigen (blaming)**
  »Du bist schuld, dass der Hund rausgelaufen ist.« Die meisten von uns kennen Menschen, die sich fast immer in der Defensive befinden. Meiner Erfahrung nach will jemand, der aus dieser defensiven Position heraus argumentiert, keine Verantwortung übernehmen und/oder hat Angst davor, selbst Vorwürfe zu hören. Deshalb operiert er aus dieser Position heraus: »Ich gebe dir die Schuld, bevor du sie mir gibst.« Oder er hat das Gefühl, dass er infrage gestellt und sein Selbstgefühl angegriffen wird, und schiebt nun die Schuld von sich auf andere.
- **Abstempeln (labeling)**
  »Du bist doch eine Sportskanone mit nichts im Kopf. Du bist nicht schlau genug, um diesen Beruf auszuüben.« Wenn Sie jemals so abgestempelt worden sind und man aus einer Bezeichnung, einem Label, Schlüsse über Sie gezogen hat, wissen Sie, wie unfair sich das anfühlt. Mein jetzt weißes Haar war einst blond. Ich kann gar nicht sagen, wie oft ich als »bescheuerte« oder »doofe« Blondine von Leuten abgestempelt wurde, die mich nicht kannten. Zum Glück wusste ich, dass ich einen höheren IQ hatte als die meisten von ihnen. Deshalb kam ich ohne emotionale Kratzer davon, war aber trotzdem für einen Moment verunsichert. Oft werden Kinder in der Familie als der »Schlaukopf«, die »Schöne«, das »schwarze Schaf«, die »Gute« oder der »Clown« abgestempelt.

- **Beschimpfen (name-calling)**
  »Du bist so ein Idiot.« Beschimpfungen scheinen im Wortwechsel zwischen den Familienmitgliedern, die in meiner Praxis auftauchen, selbstverständlicher zu werden. Ich vermute, sie werden in unserer Gesellschaft immer mehr akzeptiert und für normal gehalten. Bezeichnungen wie »Schlampe« oder »Arschloch« sind täglich im Fernsehen zu hören. Wenn wir unser Gegenüber verletzen wollen, funktioniert eine Beschimpfung vielleicht. Wenn wir aber gehört und verstanden werden wollen, ist jede Beschimpfung destruktiv und führt nicht zum Erreichen unseres Ziels.
- **Anklagen (accusing)**
  »Du hast die Tür absichtlich offen gelassen.« Wenn jemand anklagend kommuniziert, schreibt er einer Person meistens einen hypothetischen Grund für deren Verhalten zu. In dem Beispiel mag »Du hast die Tür … offen gelassen« stimmen oder auch nicht. Es ist das »absichtlich«, das in dieser Kommunikation am zerstörerischsten ist. Anderen Menschen Beweggründe zu unterstellen, ist ein gefährliches Geschäft, wenn es um wichtige Beziehungen geht.
- **Herabsetzen (put-downs)**
  »Wirklich? Du bekommst es nie richtig hin.« – »Wirst du jemals lernen, richtig mit der Fernbedienung umzugehen?« Im letzten Jahrzehnt habe ich die Erfahrung gemacht, dass es ein bestimmtes Wort gibt, das für die Taktik des »Herabsetzens« typisch ist. Es ist das mit Abscheu ausgesprochene »Wirklich?«. Damit soll ausgedrückt werden, dass der oder die andere etwas Falsches sagt oder tut.

- **Drohen (threatening)**
  »Wenn du das noch einmal machst, verlass ich dich.« Drohungen können sich auf Beziehungen verheerend auswirken. Sind es leere Drohungen, die keine wirklichen Folgen haben, werden sie oft ignoriert. Wenn sie ständig gebraucht werden, führen aber auch leere Drohungen zu einer Atmosphäre voll Unsicherheit, die Vertrauen und einer offenen, ehrlichen Kommunikation im Weg steht.
- **Gedanken lesen (mind-reading)**
  »Ich weiß, dass du das nur gemacht hast, um mir etwas heimzuzahlen.« Das Gedankenlesen kann leicht nach einer Anklage aussehen, wenn es Vermutungen über die Absichten auszudrücken versucht, die der oder die andere haben könnte. Ich habe mich immer an den Leitsatz gehalten, dass man einen Dummkopf aus sich und anderen macht, wenn man Gedanken zu lesen versucht.[6]
- **Fordern (demanding)**
  »Mäh den Rasen! Und zwar jetzt.« – »Du bleibst da! Und zwar sofort!« Eine Forderung ist gewöhnlich mit einer Drohung verbunden: »Du machst das jetzt oder es passiert sonst was!« Das »Sonst was« könnte die Entziehung von Zuneigung sein oder eine andere »Wenn-dann«-Ankündigung beinhalten. Ein Beispiel: »Wenn du heute den Rasen nicht mähst, gehe ich heute Abend nicht mit zur Party.«
- **Ständig jammern und klagen (constant complaining)**
  Jedes Mal beim Einsteigen ins Auto, noch in der Garage, kommt das: »Ich hasse es, wie du fährst.« Das ständige

6 Im Englischen gibt es das schöne Wortspiel *When you assume, you make an ass out of u and me.* (Anm. d. Ü.)

Klagen tötet jedes positive Gefühl. Wer sich ständig beklagt, bekommt kaum das, was er haben will. Er erreicht nur Distanz in der Beziehung, was es wenig wahrscheinlich macht, dass es zu einer positiven Kommunikation kommt.

- **Verschweigen (withholding)**
  »Ich werde dir nicht sagen, warum ich sauer bin.« Besonders wenn jemand eine sehr zurückhaltende Kommunikationsform pflegt, ist es wahrscheinlich, dass er Dinge nicht ausspricht. Ich habe viele Paare gesehen, die zur Therapie kamen, weil einer der beiden frustriert und verärgert war, da der andere ihm etwas vorenthalten hat. Wer etwas verschweigt, könnte damit den anderen strafen wollen. Es ist aber ebenso wahrscheinlich, dass das eine angelernte Reaktion ist, die aus der Vorgeschichte der schweigenden Person stammt.
- **Urteilen (judging)**
  »Mit dir stimmt etwas nicht.« Ein solches mit tiefer Verachtung ausgesprochenes Urteil über einen Menschen ist nicht das Gleiche, wie konkretes Verhalten zu verurteilen. Ein mögliches Szenario für das genannte Beispiel könnte so aussehen: Eine Mutter hat gerade mitbekommen, dass ihr Mann den Sohn brutal angeschrien hat. Statt ihren Partner als Person anzugreifen, könnte sie sagen: »Ich bin ganz verzweifelt, weil du unseren Sohn angeschrien hast. Es ärgert mich und macht mich traurig. Ich mache mir Sorgen, wie dein Gebrüll ihn beeinflusst. Ich bitte dich, alles zu versuchen, um herauszufinden, warum du so wütend geworden bist und Zuflucht im Brüllen gesucht hast.« (Anmerkung: Wer in seiner Kindheit oft bestraft und von den Eltern und anderen Autoritätspersonen verurteilt wurde, leidet oft unter geringem Selbstwertgefühl.)

- **Abwehren (defensiveness)**
»Ich werde dir nicht zuhören.« Die meisten der erwähnten destruktiven Kommunikationsformen sind mit einer defensiven Haltung verbunden. Ich führe »Abwehren« gesondert auf, weil es so gebräuchlich ist und auch oft für sich steht. Wer diese Kommunikationsform wählt, kann sich zusätzlich auch für die anderen genannten Versionen entscheiden. Personen mit Abwehrhaltung wahren oft eine Distanz zu den Gefühlen anderer. Wenn ich sie mir vorstelle, sehe ich sie mit erhobenen Fäusten herumgehen – immer zum Kampf bereit. Wer diesen Stil oft anwendet, ist gewöhnlich voller Angst, sich verletzbar zu zeigen.
- **Geringschätzen (dismissiveness)**
»Was du zu sagen hast, ist mir egal.« Diese Kommunikationsform wählen Menschen, die es für nötig halten, immer recht zu haben. Personen, denen so geringschätzig begegnet wird, fühlen sich oft unwichtig und halten sich für wertlos. Wie die anderen genannten Stile ist auch dieser destruktiv. Er verhindert nicht nur eine gute Kommunikation mit Menschen, zu denen eine Beziehung besteht, sondern ist auch destruktiv für die Psyche der Menschen, mit denen auf diese Art kommuniziert wird.
- **Passiv-aggressiv reagieren**
»Ich mach das nach der Arbeit.« Wer das sagt, obwohl er es *nicht* tun will, sagt nur, was die anderen hören wollen. Er will, dass sie die Klappe halten. Auf den ersten Blick nicht unmittelbar erkennbar, da widersprüchliche Botschaften gesendet werden. Kommt diese Kommunikationsform in einer Beziehung häufig vor, wird das Vertrauen völlig untergraben.

- **Lügen (lying)**
  »Ich hab den Hund nie rausgelassen.« Wer das sagt, obwohl er den Hund rausgelassen hat, lügt. Wie bei der passiv-aggressiven Kommunikation untergräbt auch Lügen das Vertrauen. In einer Beziehung ohne Vertrauen haben die Beteiligten zu viel Angst, um offen und ehrlich zu sein. Damit werden Nähe und Offenheit unmöglich.

Gesunde Familien, in denen die genannten destruktiven Arten von Kommunikation selten oder gar nicht vorkommen, erschaffen ein konstruktives Umfeld, um Erfahrungen und Gefühle offen zu teilen. Unstimmigkeiten sind erlaubt, ihr Aushandeln wird ermutigt.

*****

Wie bereits erwähnt, gibt es in einigen Familien Regeln, die festlegen, worüber man reden kann. Was wir verbal kommunizieren, wird oft als zielgerichtet, persönlich und beziehungsbezogen bezeichnet. Meist ist es der Raum innerhalb der Familie, in dem wir am meisten von uns selbst preisgeben und uns auf Beziehungsprobleme konzentrieren können, aber in Familien gibt es auch oft ausgesprochene und nicht ausgesprochene Regeln für solche Konversationen.

Ich hatte das große Glück, in einer Familie aufzuwachsen, in der am Esstisch viele interessante Diskussionen geführt wurden. Soweit ich mich an diese wunderbaren Gespräche erinnere, ging es immer um bestimmte Themen. Wir diskutierten über externe Umstände, die Tagesaktivitäten, Geschichte, Religion und Politik. Wir hatten viele belebende intellektuelle Debatten. Das machte viel Spaß, und ich habe gelernt, dass wir uns darin einig sein konnten, uns nicht einig zu sein, und trotzdem die anderen wertschätzten und uns alle an dieser Erfahrung erfreuten. Erst als Erwachsene wurde mir klar, dass diese Erfahrung mit meiner Familie am Esstisch in höchstem Maße ungewöhnlich war.

Um bei der Arbeit mit Klienten herauszufinden, welcher Grad an Nähe und Sicherheit in der Kommunikation innerhalb der Familie herrscht, stelle ich manchmal die Frage, wie es gewöhnlich bei den gemeinsamen Mahlzeiten zugeht. Ich erinnere mich an einen erwachsenen Klienten, der das jüngste von zehn Kindern war. Wenn er in seiner Kindheit von der Schule nach Hause kam, war er so sehr mit seinem eigenen Kram beschäftigt, dass er das Abendessen verpasste. Niemand rief ihn oder kam, um ihn zu holen. Wenn er hungrig wurde, ging er in die Küche, nur um festzustellen, dass das Abendessen schon vorbei und für ihn kein Essen mehr übrig war. Er fing an zu weinen, und einige seiner älteren Geschwister machten sich über ihn lustig. Er ging hungrig ins Bett. Und das kam oft vor.

Von seiner Erfahrung mit den Essensbräuchen seiner Familie zu hören, half mir dabei, zu verstehen, warum er ein so geringes Selbstwertgefühl hatte und anderen so wenig Vertrauen entgegenbrachte.

Es folgen einige der Fragen, die ich zu den Essensbräuchen von Familien stelle:

- Essen alle gemeinsam oder getrennt?
- Wird während des Essens geredet?
- Wer kommt dabei zu Wort?
- Worum geht es gewöhnlich in den Unterhaltungen?

- Empfinden alle die Mahlzeiten als positiv oder negativ? Und warum?

So wunderbar die Konversation am Esstisch in unserer Familie meiner Erinnerung nach war, so ging es dabei doch selten um Persönliches oder um Beziehungsthemen innerhalb der Familie. Man hat uns nie gesagt, dass Unterhaltungen über Persönliches oder Beziehungen verboten seien, das war vielmehr eine »stillschweigende« Regel, der wir gleichwohl folgten. Wir konnten persönliche Informationen austauschen, beispielsweise »Ich hab in der Geschichtsarbeit eine Eins bekommen«. Aber dieser Informationsaustausch beschränkte sich meist auf die Fakten, ohne Gefühle zu berühren. Ich kann mich nicht an so etwas erinnern wie »Ich bin so unglücklich, weil ich zwei Wörter im Rechtschreibtest falsch geschrieben habe«.

Es gibt Familien, in denen jeder Ausdruck von Gefühlen unerwünscht ist. Und es gibt Familien mit der unausgesprochenen Regel, dass Frauen und Mädchen über Gefühle reden dürfen, Männer und Jungen aber nicht. Oder dass man Wut ausdrücken darf, aber nicht Traurigkeit. Wie auch immer: Jede Familie hat einen Satz ausgesprochener und unausgesprochener Regeln, die die Kommunikation beherrschen.

Streitfragen oder Probleme?

Wenn es um unsere Kommunikation geht, neigen wir oft dazu, unsere Auseinandersetzungen als »Probleme« zu sehen. Als junge Therapeutin war ich manchmal verwirrt, wenn ein Paar oder eine Familie kamen und etwas präsentierten, das sie *»ein Problem«*

nannten. Ich habe schließlich festgestellt, dass ich zwischen Streitfragen und Problemen unterscheide.

Streitfragen haben wir alle. Das Leben versorgt uns dauernd mit ihnen. Eine Streitfrage kann zum Problem werden, wenn man ihr aus dem Weg geht oder sie immer wiederkehrt und nicht so behandelt wird, dass es die beteiligten Personen zufriedenstellt. Sich erfolgreich durch die Streitfragen in Beziehungen zu arbeiten, ist aber für das Wohlergehen der Betroffenen und ihre Beziehungen wesentlich.

Ich möchte Ihnen ein Beispiel geben: Ein junges Paar, das drei Jahre verheiratet war, kam zur Paartherapie. Die beiden waren offensichtlich aufgewühlt und ärgerten sich übereinander. Die Frau weinte und begann: »Wir sind nur drei Jahre verheiratet, und ich fühle mich schon vernachlässigt. Ich bin für ihn selbstverständlich geworden. Wir fangen immer an zu streiten, wenn er von der Arbeit nach Hause kommt. Neulich hat er abends tatsächlich den Hund getreten. Da habe ich dann bei Ihnen angerufen, um einen Termin auszumachen. Ich fange immer irgendwann zu weinen an. Wir verziehen uns dann beide in unsere Ecken und schmollen. Wir schweigen beim Essen und ich gehe ins Schlafzimmer und lese. Er bleibt im Wohnzimmer und schaut fern. Das macht mich alles krank! Vielleicht sollten wir uns einfach scheiden lassen!«

Ich habe mich dem Ehemann zugewandt, ohne ein Wort zu sagen. Er begann: »Ich habe auch genug davon! Ich habe einen Job, der mir viel abverlangt, und einen Chef, den ich hasse. Der Typ ist wirklich ein Trottel. Soll das Zuhause nicht eine Zuflucht sein? Ich komme aber heim, und kaum bin ich durch die Tür, redet sie schon los. Auch neulich abends fing sie mit ihrem unsinnigen

Gebrabbel an, dann kam der Hund und sprang mich an – und ich bin ausgerastet. Ja, ich habe den Hund mit dem Fuß weggeschoben. Ich habe ihn aber nicht getreten. Ich hab ihn wirklich nur weggeschoben. Aber ich habe gebrüllt und war wütend. Dann ist sie natürlich durchgedreht. Das war der Punkt, an dem ich zugestimmt habe, einen Eheberater aufzusuchen.«

Das *Problem*: Das Paar streitet sich. Beide sind unglücklich und spüren eine große Distanz zueinander.

Die *Streitfragen*: Die folgenden Streitfragen wurden bisher ausgeklammert oder nicht zufriedenstellend gelöst. Sie haben zu dem *Problem* geführt.

Streitfrage 1:
Der Ehemann braucht nach der Arbeit offensichtlich Zeit und Raum, um von seiner Frustration im Job und dem Ärger mit dem Chef runterzukommen. (Anmerkung: Der Ehemann suchte später noch einen Karriere-Coach auf, um die Situation mit seinem Chef und dem Job selbst zu thematisieren. An diesem Punkt der Paartherapie war es jedoch wichtig, dass der Ärger und die Frustration des Ehemanns nicht auf die Beziehung zu seiner Frau einwirkten.)

Streitfrage 2:
Das Bedürfnis der Frau, mit ihrem Mann Zeit zu verbringen, wenn er nach Hause kommt, wird eher als Fluch empfunden statt als Segen. (Die Frau ist Hausfrau und lebt in einer neuen Nachbarschaft. Sie verbringt die meiste Zeit des Tages allein zu Hause.)

Streitfrage 3:
Wie der Ehemann von der Arbeits- in die häusliche Umgebung wechselt, ist nicht sorgfältig ausgehandelt worden und verunsichert beide.

Die Streitfragen konnten in drei Sitzungen geklärt und zur Zufriedenheit von beiden gelöst werden.

Streitfrage 1, Auflösung:
Der Ehemann hängte in seinem Carport einen Boxsack auf. Um seinen Ärger loszuwerden, bearbeitete er das Ding fünf bis zehn Minuten lang, bevor er ins Haus ging. (Er liebte das! Er hatte schon als Kind einen Boxsack.)

Streitfrage 2, Auflösung:
Nachdem sie ihrem Mann von ihren Gefühlen erzählt und den Eindruck gewonnen hatte, dass er ihr *zuhörte* (er war wirklich sehr liebevoll), haben sie Wege gebrainstormt, wie die Ehefrau neue Leute treffen und sich in der Nachbarschaft engagieren könnte. Freundschaften zu schließen und sich mit anderen Erwachsenen zu unterhalten, deckte einen Teil ihres Bedürfnisses nach Nähe ab und nahm dem Ehemann einen Teil des Drucks, der Einzige zu sein, der ihren Bedarf an Beziehungen befriedigte.

Streitfrage 3, Auflösung:
Nach ihrer Beschreibung der Situation war mir klar, dass der Ehemann, wenn er nach Hause kam, eine gewisse Zeit brauchte, bevor er sich ganz seiner Frau widmen konnte. Sie war dagegen so bedacht darauf, mit ihm Zeit zu verbringen, dass sie ihm keinen

Raum zum Atmen ließ. Ich habe mit den beiden ein paar Wege durchgesprochen, von denen wir dachten, sie könnten die Ankunft stressfreier gestalten. Er meinte, dass er nach einem kurzen »Hallo«-Kuss gern ins Schlafzimmer gehen würde, um sich umzuziehen und seine Post zu lesen. Wenn er dafür eine Viertelstunde Zeit hätte, wäre er danach bereit, mit seiner Frau einen netten Abend zu verbringen. Sie stimmte zu, ihn nicht mehr sofort für sich einzuspannen. Sie schlug sogar vor, dass er zuerst die Sechsuhrnachrichten anschauen sollte, bevor sie essen und den Abend zusammen verbringen würden. Er war ganz entzückt von dieser Idee.

Als die beiden nach zwei Wochen wieder zur Therapie kamen, berichteten sie, dass die Streitereien aufgehört hatten. Sie schienen sehr erfreut darüber, wie die Dinge nun abliefen. Kein Weinen mehr. Kein Brüllen und Kreischen. Keine Überlegungen mehr wegen einer Scheidung. Sie sagten beide, dass sie ihre gemeinsamen Abende nun genossen.

Das muss festgehalten werden:

- Achten Sie auf Ihre Streitfragen.
- Setzen Sie sich mit ihnen auseinander, sobald sie auftauchen.
- Schauen Sie zu, dass sie nicht zu *Problemen* werden!

Zurück von dem Paar zur Familiendynamik. Es ist wichtig, zu verstehen, dass verschiedene Kulturen verschiedene Kommunikationsformen begünstigen und verschiedene Regeln dafür bereithalten. Ein junges Paar mit einer Frau italienischer Herkunft, deren Familie Gefühle spontan und energisch ausdrückt, und einem Ehemann aus einer konservativen englischen Familie, die dazu neigt, Gefühle zu unterdrücken und nicht zu äußern, kann von dem Versuch, miteinander zu kommunizieren, frustriert und verwirrt werden. Wenn dieses Paar dann Kinder bekommt, werden diese vermutlich mit sehr unterschiedlichen »Regeln« aufwachsen, die ihnen sagen, wie sie kommunizieren sollen – und wie nicht.

Das ist eine Streitfrage. Sie muss aber nicht zum Problem werden.

Man sagt, dass Menschen in einer Paarbeziehung immer aus verschiedenen Kulturen stammen. Ich bin sicher, dass darin ein Stück Wahrheit steckt. Am Ende kommen wir alle aus Familien mit unterschiedlichen Kommunikationsformen und -regeln. Aber je extremer die Unterschiede sind, umso mehr muss man darauf achten, einander zu *verstehen*, zu *respektieren*, *Streitfragen auszuhandeln* und den Partner zu *akzeptieren*.

Wie die Mitglieder einer Familie kommunizieren und welchen Regeln sie dabei folgen, bestimmt entscheidend die Gesundheit einer Familie und ihrer Mitglieder. Man muss sich aber auch daran erinnern, dass jede Kommunikation erlernt wird. Das heißt, dass jeder als Erwachsener die Möglichkeit hat, die erlernte Kommunikationsform zu ändern, wenn er das will. Ich ermutige Sie, die im Folgenden aufgeführten *gesunden* Kommunikationsformen zu wählen.

Gesunde Kommunikationsformen

- **Seien Sie präsent**
  und konzentrieren Sie sich auf Ihren Kommunikationspartner. Vermeiden Sie Störungen von außen.
- **Suchen Sie häufig den Blickkontakt**
  und signalisieren Sie dem Gesprächspartner damit, dass Sie da sind, ihn sehen und an der Kommunikation interessiert sind.
- **Hören Sie zu**
  und denken Sie daran, dass Zuhören über das rein akustische Hören der Wörter hinausgeht. Zuhören erfordert Achtsamkeit. Zuhören heißt, nicht nur auf die Wörter zu achten, sondern auch auf die Bedeutung hinter den Wörtern. Es geht darum, die Gefühle und Gedanken des anderen wahrzunehmen.
- **Verwenden Sie »Ich«-Botschaften**
  Diese Idee hat sich in den vergangenen Jahren weit verbreitet, zählt aber weiterhin zu den Praktiken, mit denen sich Menschen am schwersten tun. Nach meiner Erfahrung macht es eine »Ich«-Botschaft wahrscheinlicher, dass dem Sprecher auch tatsächlich zugehört wird. Der Empfänger der Botschaft meint dann weniger, sich verteidigen oder schützen zu müssen. Ein mögliches Szenario: Eine Frau redet mit ihrem Mann, der zwei Stunden später nach Hause kam als angekündigt. Ohne »ich« zu verwenden, sagt die Frau: »Was ist los mit *dir*? *Du* bist so rücksichtslos. *Du* hättest wenigstens anrufen können!« Die Variante, in der die Frau das »Ich« verwendet: »*Ich* hab mir Sorgen gemacht, weil du dich verspätet hast. *Ich* versteh nicht, warum du

- Vereinbaren Sie gemeinsame Mahlzeiten – mindestens ein paarmal jede Woche.
- Der alte Spruch »Gutes Timing ist alles«[7] ist lebenswichtig, wenn Sie ein Gespräch führen wollen oder müssen, das kompliziert zu werden verspricht. Es ist keine gute Idee, eine wichtige Unterredung zu beginnen, wenn ein Beteiligter zu müde ist oder dringend etwas anderes tun muss.
- Es kann nett sein, miteinander zu reden, während einer oder alle Beteiligten mit anderen Aktivitäten beschäftigt sind. Denken Sie aber daran, dass Sie Ablenkungen vermeiden sollten, wenn es um etwas Wichtiges geht. Es ist nicht die beste Idee, eine wichtige oder schwierige Unterhaltung zu beginnen, wenn Sie oder die/der andere am Steuer des Autos sitzt.
- Wenn Sie wollen, dass andere aufmerksam auf das achten, was Sie sagen, achten Sie auch auf das, was die anderen sagen.
- Üben Sie Toleranz.

Zur Erinnerung:
Bei einer gesunden und intimen Interaktion sind alle Beteiligten mit ihren eigenen Gedanken und Gefühlen voll und ganz dabei. Sie nehmen Anteil und hören einander zu.

---

7 Schon der Prediger 3, 1–11 besagt: Krieg und Frieden, Weinen und Klagen, Lieben und Hassen ... kurz: Alles »hat seine Zeit und jegliches Vornehmen unter dem Himmel seine Stunde«. (Anm. d. Ü.)

Welche Rollen und Regeln gelten in Ihrer Familie?

Es folgen nun einige Fragen, um die ausgesprochenen und unausgesprochenen Regeln zu identifizieren, die in Ihrer Familie die Kommunikation bestimmen. Denken Sie bei den Fragen zuerst an Ihre Herkunftsfamilie. Wenn es zu Ihrer Situation passt, denken Sie danach an Ihre derzeitige Familie und stellen Sie sich die gleichen Fragen. Was ist ähnlich? Was ist verschieden?

1. Was waren die wirkungsvollsten nonverbalen Mittel der Kommunikation der erwachsenen Mitglieder Ihrer Familie?
2. Wurde Ihnen als Kind zugehört? Haben die Erwachsenen mehr auf Ihre *Gefühle* oder auf Ihre *Gedanken* geachtet? In welcher Situation war es weniger wahrscheinlich, dass man Ihnen zugehört hat? Wie haben Sie sich dieser Erfahrung angepasst?
3. Gab es in Ihrer Familie jemanden, für den es wichtig war, immer recht zu haben? Wie ist das bei Ihnen? Ist es für Sie wichtig, immer recht zu haben?
4. Was denken Sie über Konfrontationen und Konflikte? Haben sich Ihre Eltern im Beisein der Kinder gestritten? Wie hat Sie das beeinflusst?
5. Halten Sie Ihre Familie eher für spontan und offen oder für streng und verschlossen? Warum?
6. Wie hat Ihre Familie versucht, Probleme zu lösen? Wer führte die Diskussion an? Wer wurde einbezogen? Wem wurde zugestimmt?
7. Wie hat Ihre Familie die Mitglieder motiviert? Mit Lob oder der Androhung von Strafen? Wie hat diese Art der Motivation Ihr Selbstwertgefühl beeinflusst?

8. Wie hat Ihre Familie Humor eingesetzt? Hat das eine gesunde Kommunikation gefördert oder eher verhindert?
9. Was stand im Mittelpunkt Ihrer Konversationen? Bestimmte Themen? Persönliches? Beziehungen?
10. Kümmerte sich Ihre Familie um Streitfragen, bevor sie zu Problemen wurden? Können Sie sich an eine Situation erinnern, in der man ein Problem hätte vermeiden können, wenn man die Streitfrage rechtzeitig angegangen wäre?
11. Gibt es eine aktuelle Streitfrage in Ihrer Familie? Wird sie vermieden oder beschäftigt man sich mit ihr? Wird eine Diskussion gefördert oder verhindert?
12. Nehmen Sie Ihren Tonfall bewusst wahr. Noch besser: Nehmen Sie eine Diskussion auf Band auf, und hören Sie sich selbst zu. Ist Ihre Stimme hoch oder tief? Ist sie freundlich oder schroff? Ist sie laut oder leise? Was sagen Ihnen andere, wie Ihre Botschaften »rüberkommen«? (Besonders wenn Sie wütend sind!)
13. Welche der destruktiven Kommunikationsformen sind in Ihrer Familie vorherrschend? Welche benutzen Sie häufig? Denken Sie daran: Etwas bewusst wahrzunehmen, ist der erste Schritt, um es zu ändern.
14. Welche der gesunden Kommunikationsformen verwenden Sie oder Ihre Familie? Welche davon würden Sie gern öfter verwenden? – Tun Sie es!

Kapitel 4

Wie viel Nähe?

Das familiäre Gleichgewicht aus Nähe und Distanz

»Glück ist, eine große, liebevolle, fürsorgliche und eng verbundene Familie zu haben – in einer anderen Stadt.«
GEORGE BURNS

Ich war noch klein, als mir meine Großmutter eines ihrer Lieblingszitate verriet: »Es gibt zwei bleibende Dinge, von denen wir hoffen können, sie unseren Kindern zu vererben. Das eine sind Wurzeln, das andere Flügel.«[1]

Ich habe mir dieses Zitat zu Herzen genommen. Schon vor der Geburt meiner drei Söhne war mir klar, dass das mein Ziel sein würde. Als Studentin der Früherziehung wurde ich in Theorien der Entwicklung von Kindern und in die optimalen Praktiken der elterlichen Erziehung eingeführt. Mir war klar, wie wichtig es ist, Kindern ein Gefühl von Geborgenheit und Sicherheit zu vermitteln, damit sie gesunde, unabhängige und gut »funktionierende« Erwachsene werden. Ich habe diese Erkenntnisse später

1 Die Sentenz wird Goethe zugeschrieben, aber auch Khalil Gibran und anderen. (Anm. d. Ü.)

noch ausgebaut, als ich auf dem Gebiet der Psychologie und Familientherapie weiterarbeitete.

John Byng-Hall, ein britischer Familientherapeut, hat einmal gesagt: »Wenn ein Vater oder eine Mutter erzählen kann, als Kind getröstet worden zu sein, wenn es traurig war, und unterstützt worden zu sein, um selbstständig zu werden, ist es wahrscheinlich, dass ein Kind dieser Eltern sicher gebunden ist. [...] Wenn andererseits Eltern voller Klagen über das unzuverlässige Verhalten *ihrer* Eltern sind, ist es wahrscheinlich, dass sie Kinder haben, die *nicht* sicher gebunden sind.«[2] Byng-Hall spricht damit die Muster an, die in einem Familiensystem durch die Generationen wandern.

Man kann sich diese Bindung (*attachment*) als emotionales Band zwischen Menschen vorstellen. Solche Bindungen sind wichtig, da sie Mechanismen zum Überleben sind, und sie überdauern einen längeren Zeitraum. Das Gefühl von Sicherheit, das jemand hat, wird in starkem Maße von den Bindungen beeinflusst, die er/sie zu wichtigen Personen in seiner/ihrer Welt hat, insbesondere zu denen, mit denen eine intime Beziehung besteht.

Bei meinem Studium wurde mir klar, welch riesige Bedeutung die frühen Beziehungen für die Entwicklung oder Nichtentwicklung eines Gefühls der Geborgenheit in der Welt haben. Als dann John Bowlbys Arbeiten erschienen, die sich mit der Wichtigkeit von Bindungen und Beziehungen für Erwachsene und auch für Kinder befassten, war ich begeistert. Seine Arbeiten zur Bindungstheorie (*attachment theory*) waren unschätzbar.[3]

Familientherapeuten haben schon lange die Bedeutung erkannt, die die Bindung einer Person an eine andere hat und auf

2 Byng-Hall: Evolving Ideas about Narrative, 1998, S. 137.

3 Bowlby: Bindung und Verlust. Bd. 1: Bindung, 2006.

welche Weise diese Bande das Selbstgefühl und das Gefühl beeinflussen, Teil dieser Welt zu sein.

Man weiß heute, dass der Bindungsprozess eng mit der Biologie verbunden ist, insbesondere mit der Neurophysiologie. Die Neurobiologinnen und Neurobiologen konnten in den letzten paar Jahrzehnten nachweisen, welch zentrale Bedeutung zwischenmenschliche Beziehungen für das biologische Überleben haben.

Daniel Siegel ist ein Psychiater und Autor, der sich auf interpersonelle Neurobiologie spezialisiert hat.[4] Siegel vertritt die Ansicht, dass der Körper wie eine kollektive Intelligenz funktioniert und dabei interpersonelle Prozesse verwendet, die sich um Dialoge herum entwickeln, die der Neurophysiologie der Erfahrungen, Gefühle, Bedeutungen, des Gedächtnisses und des Handelns zugeschrieben werden.

Ich glaube, dass diese Prozesse sogar schon vor unserer Geburt beginnen. Schließlich sind wir im Mutterleib durch die Nabelschnur mit unserer Mutter *verbunden.*

Bindungen werden nicht nur körperlich, sondern auch emotional erfahren. Kinder lernen aus ihren Erfahrungen in der Familie, ob andere Menschen vertrauenswürdig sind oder nicht und ob diese ihre emotionalen Bedürfnisse befriedigen können. Sie lernen, ob die Verhältnisse sicher genug sind, um schwach und verletzbar sein zu dürfen. Wenn wir erwachsen werden, entwickeln wir auf der Grundlage dieser Erfahrungen unsere Haltung, was Beziehungen betrifft. Diese Haltung färbt auf das ab, was wir in Beziehungen mit romantischen Partnern und mit unseren Kindern erwarten. Es gibt eine direkte Korrelation zwischen dem Gefühl der Geborgenheit

4 Siegel: Handbuch der Interpersonellen Neurobiologie, 2015.

als Kind und dem unabhängigen Erwachsenen, der in der Lage ist, verlässliche Beziehungen einzugehen. Unser Selbstwertgefühl und unser Gefühl von Identität beeinflussen ganz und gar unsere Fähigkeit, ein Gefühl der Unabhängigkeit und Individualität zu entwickeln und dabei mit anderen verbunden zu bleiben.

Es gibt Familien, die Individualität und Distanzierung unterstützen, während andere Zusammengehörigkeit und Nähe fordern. Der Grad der Distanz oder der Nähe in einer Familie hängt nicht nur von den Familienmustern ab, sondern auch vom Entwicklungsstand. Familien mit kleinen Kindern müssen mehr zusammenhalten. Wenn die Kinder größer werden, kann man hoffen, dass die Familie sie ermutigt, mehr für sich zu sein, und damit ihre Individualität und Unabhängigkeit unterstützt. In einer gesunden Familie finden diese Prozesse simultan statt, da die einzelnen Familienmitglieder auch gesunde Verbindungen untereinander haben.

Weder Distanz noch Nähe sind von Natur aus gut oder schlecht. Es ist das Ausmaß, und es sind die Auswirkungen auf die Familienmitglieder, die auf gesunde oder ungesunde Verhältnisse hinweisen. Ich habe zum Beispiel Freunde, deren erwachsene Kinder sie täglich anrufen. Dieser Brauch scheint sowohl den Eltern wie den Kindern gutzutun. Alle scheinen sich über den täglichen Kontakt zu freuen. Andere würden dagegen so viel Nähe nicht als positiv empfinden. Für die Eltern oder die Kinder – oder beide – wäre es eine Belastung, sich täglich die Zeit zu nehmen, um schon wieder miteinander zu reden, und sie würden sich darüber ärgern. Es gibt kein Verfahren, das für alle passt. Was für das eine Mitglied der einen Familie passt, passt nicht unbedingt für die Mitglieder einer anderen Familie.

Bei dem obigen Beispiel beziehe ich mich nur auf die beiden Personen, die miteinander telefonieren. Besteht die Familie nicht nur aus ihnen, kann es sein, dass die anderen Familienmitglieder von den täglichen Telefonanrufen beeinflusst werden. Der Mann der erwachsenen Tochter könnte sich ärgern, dass seine Frau so viel Zeit am Telefon mit ihrer Mutter verbringt. Die Schwester jener Tochter könnte eifersüchtig (oder auch erleichtert) sein, dass diese ein so enges Verhältnis mit der Mutter hat.

Verbindet zwei oder mehr Mitglieder der Familie eine enge Beziehung, aber andere nicht, können im Gesamtsystem Spannungen entstehen. Ein Elternteil könnte eifersüchtig oder verletzt sein, dass eines der Kinder mit dem anderen Elternteil eine engere Beziehung hat. Diese Dynamik taucht sowohl in intakten wie auch in Patchworkfamilien auf. Es kommt häufig vor, dass sich Stiefeltern »ausgeschlossen« fühlen. Versteht ein Kind sich gut mit dem Stiefvater oder der Stiefmutter, können die leiblichen Eltern eifersüchtig sein – oder erfreut, oder beides. Bewegt sich das Kind eher auf die Stiefeltern zu als auf die leiblichen Eltern, könnten diese bestürzt und verwirrt reagieren (oder ungeheuer erleichtert sein). Offensichtlich variieren die Reaktionen in diesen Szenarien sehr. Sie unterscheiden sich nicht nur zwischen den Beteiligten, sie können sich auch bei den Beteiligten selbst je nach den Umständen, dem Alter und dem Entwicklungsstand verändern. Nähe und Distanz spielen immer eine Rolle, ihr Gleichgewicht muss ausgehandelt werden.

Nähe und Distanz im Verlauf der Entwicklung

Die Frage »Wie viel Nähe?« taucht auf, wenn ein Kind zwei Jahre alt wird. Für einige Kinder beginnt der Prozess der Individuation, das heißt die Erfahrung des Ichs als einer eigenständigen Person, dann, wenn sie zu laufen anfangen. Diese Kinder wollen weglaufen und die Welt selbst entdecken – solange sie zurückschauen und die Eltern in der Nähe sehen können. Sie laufen zurück, um sich einen Klaps oder einen Kuss abzuholen oder einfach nur kurz an ihrem vertrauten Platz vorbeizuschauen. Die Eltern können tolerieren, dass das Kind über den ganzen Hof rennt, um einen Vogel zu fangen.

Andere Kinder laufen nur ein paar Meter weg. Für sie müssen die Eltern immer in Reichweite sein. Ergibt sich an diesem Punkt der Entwicklung des Kindes ein Problem, ist es wahrscheinlicher, dass es bei den Eltern auftaucht: wenn sie etwa sofort voller Panik aufspringen und dem Kind nachrennen oder es zurückrufen, sobald es sich weiter entfernt. Oder es dem Kind übel nehmen, dass es sich nicht mehr als ein paar Meter wegbewegen will.

Wir springen von der Kindheit in die Zeit der Pubertät, das Teenageralter: In diesem Zeitabschnitt der Entwicklung einer Familie sehen wir oft die größten Kämpfe, was Autonomie und Individuation betrifft. Die meisten Eltern sind in irgendeiner Weise auf den als unvermeidlich geltenden Kampf vorbereitet: Der Teenager will mehr Freiheit, während die Eltern meinen, das Kind sei noch nicht erwachsen genug, um gut mit mehr Freiheit umzugehen. Eltern, die eine klare Hierarchie aufgebaut und angemessene Regeln für diesen Entwicklungsschritt des Kindes aufgestellt haben, fällt es leichter, das oft schwierige Terrain zu durchqueren und das Kind durch die Pubertät zu bringen, als Eltern, die das nicht getan haben. Ist die Familie offen und flexibel, gestaltet sich der Weg in der Übergangszeit glatter, in der das Kind zum Teenager wird und dann vom Teenager zum jungen Erwachsenen.

Danach kommt auf die Familie die Aufgabe zu, dem jungen Erwachsenen zu einem Start »ins Leben« zu verhelfen. Nach meinen Beobachtungen ist diese Phase im Lebenslauf einer Familie im letzten Jahrzehnt schwieriger geworden. Statistiken haben gezeigt, dass mehr und mehr junge Erwachsene weiter zu Hause wohnen, nachdem sie das Gymnasium oder sogar das Studium abgeschlossen haben. Gewöhnlich geht man davon aus, dass ein erwachsen gewordenes Kind eine Arbeit findet und ein unabhängigeres Leben beginnt. Das ist aber heutzutage oft schwierig, da das Einkommen nicht ausreicht, um den teuren Lebensunterhalt zu sichern: Das erwachsene Kind wohnt weiter als Nesthocker im »Hotel Mama«.

Dafür kann es aber auch andere als finanzielle Gründe geben. Einer könnte sein, dass das Kind, das nun erwachsen geworden ist, nicht genügend Selbstbewusstsein hat, um selbstständig und unabhängig zu werden. Ein anderer Grund könnte sein, dass ein Elternteil oder beide das Kind nicht wirklich an den Start bringen wollen. Ist das der Fall, ist es den Eltern meist nicht bewusst.

Ein erwachsenes Kind kann sich auch entschließen, weiter bei den Eltern oder einem Elternteil zu wohnen, ohne dass das ein Fehler beim Start ins Leben ist. In der jeweiligen Situation kann das durchaus eine gesunde Reaktion des jungen Erwachsenen sein. Entscheidend ist, dass dieses Arrangement beiden Seiten wohltut und niemand seine eigenen Wünsche und Bedürfnisse opfert.

Nähe und Distanz in der erweiterten Familie

Bei der Frage von Nähe und Distanz ist es auch wichtig, wie viel Zeit die Mitglieder der Kernfamilie mit denen der »erweiterten« Familie (oder »Großfamilie«) verbringen, also mit den anderen

Verwandten, zum Beispiel »angeheirateten«. Wird das sonntägliche Festmahl bei der Mutter von den beteiligten Familienmitgliedern als positiv, neutral oder negativ empfunden?

Ich erinnere mich, dass sich meine Familie mit meinem Vater, meiner Mutter, den Brüdern und Schwestern, mit mir selbst und mit meiner Tante, dem Onkel und drei Cousins und Cousinen im Sommer jeden Sonntagabend bei meiner Großmutter (der Mutter meines Vaters) zu einem großen Essen traf. Das begann, als ich noch ein kleines Kind war, und ging bis in die Zeit meines Abschlusses der Highschool. Ich habe mich immer darauf gefreut, mit allen zusammen zu sein. Es war für mich und für uns alle ein Abend voll Spaß und Freude. Ich erinnere mich an keinerlei Klagen, weder von meiner Mutter noch von meinem Vater noch von den Geschwistern.

Als Familientherapeutin merkte ich schnell, dass nicht alle solche Sonntagstreffen so positiv sahen wie ich. Manche Klienten bezeichneten sie als »erzwungene Veranstaltung«, und ich erfuhr, dass ein oder mehr Mitglieder der Familie verärgert wegen der Forderung waren, an den Treffen teilzunehmen.

Das gerade erwähnte Szenario ist nicht ungewöhnlich. Ich erinnere mich an einen Fall, der mich überrascht hat: Eine Frau in den 60ern, deren Mann kurz zuvor gestorben war, nahm es den Kindern übel, dass sie von ihr erwarteten, jede Woche für das Familienessen am Sonntagabend einzukaufen und es zuzubereiten. Das war das erste Mal, dass ich von einer Mutter oder Großmutter unmutige Äußerungen über eine solche Familientradition vernahm. Bislang hatte ich derartige Klagen nur von erwachsenen Kindern oder Enkeln gehört, von denen erwartet wurde, bei solchen Treffen aufzutauchen.

Wann immer Klienten irgendeine Art negatives Gefühl gegenüber allzu viel Nähe ausdrücken, ist mein Ziel, ihnen zu helfen. Sie sollen verstehen, was hinter ihren Gefühlen steckt, und Optionen abwägen, etwas anderes zu empfinden. Dazu muss das Familienmitglied die Geschichte, die es sich selbst erzählt, oft neu formulieren.

Wenn ich zum Beispiel mit einem Teenager arbeite, der sich beschwert, wie »langweilig« es ist, jeden Freitagabend zu den Großeltern zu gehen, ermutige ich ihn, eine andere Reaktion als »langweilig« in Erwägung zu ziehen. Ich fange an, indem ich ihn frage, ob es schon mal vorkam, dass er dieses Gefühl der Langeweile an einem Freitagabend nicht verspürt hat. Gibt es, auf dieser alten Geschichte aufbauend, irgendetwas, das man nutzen könnte, um eine aktuelle, positivere Geschichte zu erschaffen? Oder gibt es in der Geschichte etwas, das ihn dazu inspirieren könnte, sich zu überlegen, wie er bei den Familientreffen dabei sein kann, ohne sich zu langweilen? Was würde er gern fühlen, wenn er da ist? Wie kann er diese Gefühle fördern?

Sind die inneren Reaktionen des Klienten erforscht, ermutige ich ihn, sich auf mögliche Gespräche mit den anderen Beteiligten einzulassen. Vielleicht können sie ihr eigenes Verhalten auf eine Art ändern, die dabei helfen könnte, mit dem Thema »Nähe« in deren Beziehungen umzugehen.

*****

Es gibt keinen Zweifel, dass familiäre Nähe und Distanz von der Gesellschaft im weiteren Sinn beeinflusst wurden und werden. Früher, in einer weitgehend ländlichen Gesellschaft, lebten gewöhnlich alle Familienmitglieder nah beieinander. In unserer modernen Welt leben sie oft kilometerweit voneinander entfernt. Die moderne Technik hat gewiss dabei geholfen, die Verbindung aufrechtzuerhalten. Ich bin so dankbar, dass ich mit meinen Enkeln, die weit weg wohnen, per Skype telefonieren kann. Ich erinnere mich an eine Begebenheit, als mein ältester Enkel 14 Monate alt war und wir uns nach einem »echten« Treffen kurz darauf per Skype sahen. Er versuchte, in den Bildschirm zu kriechen, damit ich ihn halten konnte. Ich war einerseits tief berührt und andererseits beschämt, denn es gibt nichts, was eine direkte Begegnung *face-to-face* ersetzen kann. Hören und sehen ist gut, aber jemanden nicht riechen oder berühren zu können, ist ein großer Verlust.

Die moderne Technik kann uns helfen, verbunden zu bleiben, sie kann aber auch Distanz und den Verlust an Intimität begünstigen. Die Verwendung von Handys, Laptops, Smartphones und ähnlichen Geräten erzeugt Distanz, selbst wenn sich der Benutzer darüber nicht im Klaren ist.

Vor einigen Jahren kam ein Paar zur Therapie. Beide waren in den 40ern. Als sie mir erzählten, dass ihre wichtigste Kommunikationsform in der Woche vor unserer Sitzung der Austausch von Textnachrichten war, während sie beide zu Hause waren, war ich fassungslos. Mir war klar, dass ich beiden erklären musste, wie nötig es für sie war, eine bessere Kommunikation mit mehr Intimität herzustellen.

Autonomie und Individuation

Das Gewinnen von Autonomie, die Individuation oder Selbstwerdung und die Lösung aus der ursprünglichen Familie waren und sind für uns alle ständig ablaufende Prozesse. Ich habe mit 70-Jährigen zu tun gehabt, die immer noch Regeln folgten, die ihnen als Kinder vermittelt wurden und sie davon abhielten, zu ihrem wahren Selbst zu finden.

Ein Beispiel: Eine 72 Jahre alte Frau hatte gerade ihren Mann verloren und kam zur Therapie, um Unterstützung bei ihrer Trauerarbeit zu bekommen. Nachdem wir eine Zeit lang zusammengearbeitet hatten, teilte sie mir mit, dass sie schon immer gern eine Reise nach Frankreich gemacht hätte. Ihr Mann hatte aber kein Interesse an Reisen außerhalb der USA gehabt, deshalb hatte sie ihren Wunsch hintangestellt. Als wir anfingen, darüber zu reden, wie sie die nächste Phase ihres Lebens gestalten wollte, begann sie, die Möglichkeit einer Reise nach Frankreich zu erwägen. Sie hatte eine Freundin, die sie ermutigte, mit ihr zusammen nach Paris zu fliegen.

Meiner Klientin wurde klar, dass sie große Ängste hatte. Als wir diese ängstlichen Gefühle untersuchten, erinnerte sie sich an eine Geschichte, die ihr Vater ihr erzählt hatte, als sie noch ein kleines Mädchen gewesen war. Der Vater hatte im Zweiten Weltkrieg gedient und zu den amerikanischen Truppen gehört, die an der Küste der Normandie gelandet waren. Er war durch diese Erfahrung traumatisiert und redete immer davon, »nie wieder« einen Fuß auf französischen Boden zu setzen. Meine Klientin hatte sich die Ängste des Vaters und seinen Entschluss zu Herzen genommen.

Unsere Arbeit war darauf konzentriert, ihr zu helfen, eigene Regeln zu finden und durchzusetzen. Sie konnte diese Regeln bald von denen trennen, die sie von ihrem Vater übernommen hatte. Ihre Ängstlichkeit löste sich auf, und sie fuhr mit ihrer Freundin nach Paris. Sie berichtete hinterher, dass sie die Reise sehr genossen habe und dass sie noch mehr Reisen außerhalb der USA plane.

Von allen Themen, die in der Paar- und Familientherapie zur Sprache kommen, steht die Frage »Wie viel Nähe?« weit oben in der Liste.

Wer Teil eines Paares wird, bringt seine ganz eigenen Ansichten über Nähe und Distanz mit, wenn es herauszufinden gilt, was man tolerieren kann, wenn man nun mit dem neuen Partner, dessen Familie und der eigenen Familie verbunden ist. Welches Maß von Nähe und Distanz sich für beide in der Beziehung gut anfühlt, ist davon abhängig, wie viel beide vom Gefühlssystem ihrer Familien an Autonomie und Unabhängigkeit geliefert bekommen (haben).

Einer der vielen wichtigen Beiträge des schon erwähnten Murray Bowen ist die Idee einer *Differenzierung des Selbst.* Er hat »Differenzierung« als die Fähigkeit definiert, das eigene emotionale und intellektuelle Funktionieren von dem der Familie zu trennen. Damit erreicht man Unabhängigkeit und Reife, ohne die Fähigkeit zu verlieren, emotionale Bindungen einzugehen. Nach Bowen ist sich der differenziertere Mensch seiner Identität sicherer und wird daher weniger wahrscheinlich die eigenen Wünsche und Bedürfnisse im Tausch gegen Liebe und Anerkennung opfern.[5]

Erwachsene, die sich nicht erfolgreich *differenziert* haben, können nicht frei sein und nicht fühlen, wer sie wirklich sind. Mit anderen Worten: Sie werden nicht in der Lage sein, zu sich selbst eine wahre Beziehung aufzubauen! Man muss mit sich selbst

5 Bowen: Family Therapy in Clinical Practice, 1978

verbunden sein, um sich von den emotionalen Reaktionen der Familie lösen zu können.

Diese Loslösung bedeutet, nicht nur *wählen* zu können, wie man reagiert, sondern auch, was man fühlt.

Emotionale Reaktionsfähigkeit

»Wenn wir nicht mehr in der Lage sind, eine Situation zu ändern […], dann sind wir aufgerufen, uns selbst zu ändern.«
Man kann Menschen alles nehmen, »nur nicht: die letzte menschliche Freiheit, sich zu den gegebenen Verhältnissen so oder so einzustellen.«
»Zwischen Reiz und Reaktion liegt ein Raum. In diesem Raum liegt unsere Macht zur Wahl unserer Reaktion. In unserer Reaktion liegen unsere Entwicklung und unsere Freiheit.«
VIKTOR FRANKL[6]

Nach Bowen ist die Familie ein emotionales System, zu dem die gegenwärtigen, im Haushalt lebenden Mitglieder gehören, aber auch die Angehörigen der erweiterten Familie, gleichgültig, ob sie noch leben oder schon tot sind. *Alle* Familienmitglieder – ob sie aktiv Teil der Familie sind oder nicht, lebend oder tot – bilden das emotionale System. Auch die emotionalen Systeme früherer

6 Frankl: (1) Grundkonzepte der Logotherapie, 2015, S. 31; (2) … trotzdem Ja zum Leben sagen, 2018, S. 102; (3) Dieses Zitat wird in vielen Zitatensammlungen Frankl ohne Nachweis zugeschrieben. Vgl. https://www.viktorfrankl.org/quote_stimulus.html. (Anm. d. Ü. - ich danke Frank J. Vesely vom Viktor Frankl Institut, Wien, für diesen und weitere Hinweise.)

Generationen sind Teil der gegenwärtigen Familie. Sie bilden das »emotionale System der Kernfamilie«.[7]

Jede Familie versucht, ihr Maß an Wohlbefinden zu finden, indem sie jedem Mitglied erlaubt, sich zu individuieren, aber auch Räume schafft, um physisch und psychisch beisammen zu sein. Nähe wird zum Problem, wenn die Familienmitglieder die Erfahrung machen, in einer ungesunden Weise »zusammenzukleben«. Bowen nennt das Verschmelzung oder Verstrickung: Das eigene Ich vermischt sich mit den Ichs der anderen in einer Weise, die zu einem umfassenden Verlust des Selbst führt.

Wir Menschen haben ein tief sitzendes Bedürfnis nach Nähe. Der Kampf, ein autonomer Mensch zu werden, und der entgegengesetzte Drang zu Nähe führen zu Stress, Spannungen und Ängsten – bei jedem Einzelnen und in der Familie als Ganzes. Dieser Kampf zwischen Nähe und Distanz hat kein Ende. Wir versuchen ständig, die Grenzen neu zu definieren und den Umständen anzupassen.

Die Fragen sind dabei:
Welches Maß an Intimität wollen wir?
Wie viel Nähe wollen wir?
Wie viel Verbindung oder welches Fehlen von Verbindung
können wir tolerieren?
Welches Maß an Anerkennung brauchen wir?

Wie ich schon erwähnt habe, beinhaltet Bowens Differenzierung des Selbst die Fähigkeit des Individuums, zwischen den eigenen

7 Bowen: Family Theory in Clinical Practice, 1978.

Gefühlen und Gedanken und denen der anderen, mit denen es in Verbindung steht, zu unterscheiden. Dabei ist seine emotionale Reaktionsfähigkeit ein Schlüsselfaktor. Natürlich sind Gefühle und Emotionen in Beziehungen wünschenswert. Wie kann es Beziehungen ohne sie geben? Wir wünschen uns Gefühle und Emotionen, aber sie sind auch die Hauptquelle von Kummer in Beziehungen.

Als Menschen haben wir sowohl Gefühle als auch die Fähigkeit zu denken. Zwischen beidem zu unterscheiden, also differenzieren zu lernen, ist dabei entscheidend, sich als Individuum vollkommen zu verwirklichen – als eine Person, die selbstbewusst ganz sie selbst ist. Eine gesunde, differenzierte Person geht auf Abstand, versichert sich ihrer Situation, erkennt ihre Gefühle und steht dazu. Sie *reagiert* nicht automatisch, sondern beschließt bewusst, was sie will, was sie fühlt und wie sie sich in einer Situation verhalten will.

Wie wir emotional reagieren, ist der Schlüssel für das Maß an Differenzierung, das wir erreichen können. Ist uns bewusst, dass wir uns nicht von unseren Emotionen treiben lassen müssen, ist es weniger wahrscheinlich, dass wir von ihnen kontrolliert werden. Wir können wählen, wie wir auf ein Gefühl reagieren. Statt spontan zu handeln, denken wir darüber nach, wie wir reagieren sollen, und werden damit zu eigenständig Handelnden, die Beziehungen zu anderen aus einer Position der persönlichen Stärke heraus aufbauen.

Der Fokus liegt hier auf dem *Selbst* und den eigenen emotionalen Reaktionen. Das Selbst ist von den anderen unabhängig – die mögen zustimmen oder nicht, mögen uns verstehen oder nicht, mögen entscheiden, sich anders zu verhalten, oder nicht. Wir müssen uns von der Idee verabschieden, dass es unsere Aufgabe ist, andere dazu zu bringen, zuzustimmen, uns zu verstehen oder ihr Verhalten zu ändern. Sie müssen das nicht tun, wir brauchen sie nicht, damit für uns alles in Ordnung ist.

Die gesunde, differenzierte Person weiß, wie sie emotionale Reaktionen im Zaum hält *und trotzdem* in Verbindung mit anderen Personen bleibt. Es sei denn, ein solches Verhalten wäre gefährlich: Bei emotionalem oder körperlichem Missbrauch ist es nicht klug, mit dem Täter oder der Täterin in einer Art und Weise verbunden zu bleiben, die Gefahren mit sich bringt. Es gibt toxische Beziehungen, bei denen sich zu trennen oft die gesündeste Option ist.

In einer laufenden Beziehung emotional ansprechbar zu bleiben, kann schwierig sein, wenn man aufgewühlt oder verärgert ist. Manchmal muss man auf Distanz gehen, um »runterzukommen«. Wird die Distanz jedoch zu lange aufrechterhalten, kann das die Beziehung gefährden, ja zu ihrem Ende führen.

Wir schaffen auf alle möglichen Weisen Distanz. Das Beenden der Kommunikation, Drogenabhängigkeit, Affären und Flucht in die Arbeit sind übliche Wege, auf denen wir für Distanz sorgen, um die Ängste in einer Beziehung zu reduzieren. Zu distanziert zu sein, kann genauso problematisch sein, wie zu sehr aneinanderzukleben. Sowohl bei Paaren wie in Familien ändert sich aufgrund vieler Faktoren fortwährend das Gleichgewicht zwischen zu viel und zu wenig Nähe.

Zu nah: erstickende Nähe

Steht eine Familie in hohem Maß unter Stress, kann sie beispielsweise zusammenrücken, um die Ängste zu lindern, die von Veränderungen ausgehen. Die Nähe durch das Zusammenrücken kann tröstend sein und die Unterstützung versprechen, die die

Familienmitglieder in dieser Situation nötig haben. Dauert diese Nähe aber an und wird zur Verschmelzung oder Verstrickung, kann das auch negative Einflüsse haben. Verschmelzung tritt auf, wenn sich das eigene Ich mit den Ichs anderer Familienmitglieder intellektuell und emotional vermengt.

Eine 23 Jahre alte Frau kam zu mir in Therapie. Sie erzählte mir, sie sei zutiefst depressiv und unmotiviert. Als wir über die Familiengeschichte sprachen, erfuhr ich, dass sie zwei Jahre zuvor nach Hause zurückgekehrt war. Sie war damals das zweite Jahr im College, hatte sich aber entschlossen, wieder nach Hause zu kommen, um mit der Familie zusammen zu sein, als ihre Mutter an Krebs erkrankt war. Die Mutter starb sechs Monate später und die Familie trauerte zusammen. Meine Klientin hatte keine Geschwister außer einem älteren Bruder, der einen Monat nach dem Tod der Mutter zu seinem Graduiertenprogramm in einem anderen Bundesstaat zurückkehrte. Die junge Frau blieb dagegen zu Hause bei ihrem Vater, der wieder mit seinem Job weitermachte. Für sie wurde das Kümmern um den Vater immer mehr zum Mittelpunkt ihres Lebens. Sie übernahm die Aufgaben der Mutter und kümmerte sich um den Haushalt. Im Verlauf der folgenden zwei Jahre wurde sie depressiv.

Meine erste Diagnose war, dass sie unter dem nicht verarbeiteten Tod der Mutter litt. Nach einiger Zeit hatte ich aber das Gefühl, damit nicht ganz richtigzuliegen. Ich lud den Vater mit zu einer Sitzung ein. Die Diskussion der beiden zeigte mir, dass er ihr widersprüchliche Botschaften schickte. An der Oberfläche kommunizierte er: »Geh zurück ans College und setze dein Leben als junge Frau fort.« Dahinter verbarg sich aber eine Aussage, die ihm überhaupt nicht bewusst war: »Ich vermisse deine Mutter so sehr und halte es nicht aus, allein zu sein.«

Das Zusammenkommen der Familie in den letzten Tagen vor dem Tod der Mutter und während ihres Sterbens kam zur rechten Zeit und war positiv. Die Tochter begann dann aber, sich aus Liebe, Empathie und Treue zu ihrem Vater aufzuopfern, was für ihre geistige und seelische Gesundheit schädlich war. Dem Vater war nicht bewusst, dass der Entschluss der Tochter, bei ihm zu bleiben, dazu führte, dass sie sich und ihre Zukunftsträume verlor.

Es gelang mir, sowohl den Vater in seiner Trauer wie die Tochter in ihrem Leiden zu unterstützen und beiden zu helfen, der Verstrickung zu entkommen, die sich entwickelt hatte. Die Tochter kehrte ans College zurück und ich arbeitete weiter mit dem Vater. Ich unterstützte ihn dabei, für sich ein neues Leben aufzubauen, ohne dabei die Liebe zu seiner verstorbenen Frau zu vergessen. Es kommt in einer solchen Situation oft vor, dass die Betroffenen Probleme damit haben, nach einem Verlust weiterzumachen, da sie fälschlicherweise glauben, das würde die Liebe zu der Person mindern, die sie betrauern. Therapeutische Trauerbegleitung hilft, Personen durch den Trauerprozess zu führen und sie dabei zu unterstützen.

In einer verstrickten Familie sind die Mitglieder überinvolviert und in hohem Maß voneinander abhängig. Entschließt sich ein Familienmitglied zu einer radikalen Trennung von den anderen, wachsen bei diesen die Ängste. Jeder nimmt alles persönlich. Kinder werden oft als Teil des Selbst der Eltern gesehen. Macht ein Kind etwas falsch oder begeht es einen Fehler, fällt es in den Augen der Eltern auf sie zurück. Die Eltern beschäftigen sich zu sehr mit dem Verhalten der Kinder und damit, welches Licht es in der Gesellschaft auf sie, die Eltern, wirft.

In einer verstrickten Familie herrscht Überbehütung. Sie nimmt die Luft zum Atmen. Alle müssen der gleichen Meinung sein, sonst fühlt sich die Familie bedroht. Ein Kind in einer verstrickten Familie wird es wahrscheinlich schwer haben, sich selbst klar zu sehen. Es wird Probleme damit haben, seine eigenen Gedanken und Gefühle von denen der Eltern zu unterscheiden. Es wird vermutlich ein hohes Maß an Stress empfinden, da die Familie seine Emotionen diktiert. Es kann nicht auf seine eigenen inneren Erfahrungen achten. Es denkt, was man ihm an Gedanken vorsetzt, und es fühlt, was man ihm als Gefühl zuweist. In Beziehungen zu anderen kann es über alles Maß abhängig werden. Es wird höchstwahrscheinlich einen Mangel an Selbstwertgefühl und Selbstbewusstsein haben. Rebelliert es, wird ein anderes Familienmitglied, in der Regel ein Elternteil, depressiv oder ängstlich. Oft werden die Eltern dann ein anderes Kind »auswählen«, auf das sie sich konzentrieren.

Zu distanziert: erschreckende Ferne

In manchen Familien ist die Distanz zu groß. Jeder ist praktisch immer allein. Die Familienmitglieder teilen miteinander weder Zeit noch ihre Gedanken und Gefühle. Auf der Suche nach Bindungen schauen sie sich außerhalb der Familie um.

Hat ein Kind ein oder zwei Elternteile, die unterinvolviert sind, wird es sich vermutlich unsicher und allein fühlen und nur ein geringes Selbstwertgefühl haben. Oft geht es den Eltern ähnlich. Es ist möglich, aber selten, dass sich ein solches Kind aus eigener Kraft sehr schnell individuiert und lernt, auf seine innere Stimme zu hören. Es kann aber auch Schwierigkeiten haben, später im Leben tiefe und reife Beziehungen zu anderen aufzubauen. Vielleicht scheut so eine Person Intimität und geht nur oberflächliche Beziehungen ein.

Ein gesunder Entwicklungsgang erlaubt es dem Kind, zu einer emotional eigenständigen Person heranzuwachsen, zu einer Person, die ihre eigenen Gedanken und die eigenen Gefühle spürt und trotzdem emotional mit der Familie verbunden bleibt. Eine auf gesunde Weise differenzierte Person kann sich anderen gegenüber offen und ehrlich verhalten und die volle Verantwortung für ihre Gefühle, Gedanken und Verhaltensweisen übernehmen.

Das Gleichgewicht zwischen Individuation und »Zusammenkleben« hängt zum großen Teil davon ab, inwieweit die Eltern selbst in der Lage waren, sich zu individuieren, während sie die emotionalen Verbindungen zu ihrer Familie aufrechterhielten. Einige sehen die Distanz zur Herkunftsfamilie als einzigen Weg, sich zu separieren. Sie können sich zeitweise oder für immer distanzieren, um die gesamte Familie oder nur bestimmte Familienmitglieder aus ihrem Leben zu verbannen.

Eine solche Trennung kann physisch oder emotional erfolgen. Eine physische Trennung bedeutet, dass sich mindestens ein Familienmitglied zu dem radikalen Schnitt entschließt, sich an keiner laufenden Interaktion mehr zu beteiligen. Eine physische Trennung kann aber auch bedeuten, dass sich die betreffende Person nur selbst betrügt, wenn sie meint, nun von der Familie befreit zu sein. Aber wohin man auch geht: Es gibt kein Entkommen. Selbst wenn man den Kontakt mit Familienmitgliedern abbricht, trägt man sie weiter im Herzen mit sich.

Emotionale Trennungen sind noch schwieriger durchzusetzen. Man kann 2000 Kilometer entfernt wohnen und über Jahrzehnte jeden Kontakt vermieden haben – man wird trotzdem emotional auf die Familie reagieren. Wir betrügen uns selbst, wenn wir glauben, dass wir wirklich frei sind.

Bowen hat die Idee eines Übertragungsprozesses über viele Generationen vertreten, wonach eine Generation einen emotionalen Prozess immer der nächsten Generation weitergibt. Auch Trennungen werden in einer Familie von Generation zu Generation wiederholt, bis der unaufgelöste Konflikt angesprochen wird. In einer laufenden Beziehung ist eine Trennung nur eine vorübergehende Lösung, denn sie bringt die Ängste nicht zum Verschwinden, die von äußerst intensiven Emotionen ausgelöst werden.

Als junge Familientherapeutin dachte ich, den Klienten helfen zu müssen, wieder den Anschluss an die Familie zu finden, von der sie sich getrennt hatten. Auch wenn ich immer noch glaube, dass das in vielen Fällen die beste Lösung ist, weiß ich inzwischen, dass es Situationen gibt, in denen Distanz oder eine Trennung die gesunde Wahl sind. Es gibt Beziehungen, die zu vergiftet sind und einer Person physisch oder emotional zu sehr schaden, sodass eine Trennung für die Erhaltung des Selbst und die Heilung notwendig ist. Es ist meine Aufgabe als Therapeutin, meine Klienten aus einem Zustand des emotionalen Reagierens in einen Zustand zu bringen, in dem sie sich entscheiden können. Das ist schwer zu erreichen, aber unbedingt die Anstrengung wert.

Sich von emotionalem Reagieren zu befreien, heißt nicht unbedingt, keine Empathie mehr zu verspüren. Diese Tatsache ist oft verwirrend. Manche sehen es als Teil des Individuationsprozesses, sich auch von Empathie zu befreien. Sie glauben, dass sie sich um einen Menschen, den sie gernhaben, für den sie also Empathie empfinden, auch kümmern müssen. Wenn man sich mit Erfolg an den Prozess der Individuation machen will, ist es wichtig, sich von dieser falschen Annahme zu verabschieden.

Bei der Arbeit mit Familien, die ein Mitglied haben, das drogen- oder alkoholabhängig ist, habe ich oft den Unterschied zwischen destruktiver und gesunder Empathie wahrgenommen. Weil die Familienmitglieder sich um das süchtige Familienmitglied sorgen und sich um seine Belange kümmern, tendieren sie dazu, im »Rettungsmodus« zu verharren, der ein Beispiel für destruktive Empathie ist. Wenn ihre vielen Versuche der »Rettung« fehlgeschlagen sind, geben sie entweder auf oder verstärken ihre Anstrengungen noch. Für viele bedeutet »Aufgeben« nicht nur das Aufgeben der erfolglosen Rettungsversuche, sondern auch das Aufgeben ihrer Gefühle dem Abhängigen und der Situation gegenüber. Man kann nur hoffen, dass sie im Laufe der Zeit die Rettungsversuche einstellen und eine gesunde Empathie für sich und das suchtkranke Familienmitglied entwickeln.

Das Gleichgewicht von Nähe und Distanz

Wir Menschen brauchen Beziehungen, um überleben zu können. Wenn wir auf die Welt kommen, sind wir von anderen abhängig, um zu überleben. Wir brauchen die anderen für beides: die physische und die emotionale Fürsorge. Unsere ganz frühen Verbindungen sind der Schlüssel zu unseren Verbindungen in späteren Beziehungen. Wir brauchen in Beziehungen die Nähe nicht nur zum Überleben, sondern auch, um Erfolg zu haben. Es gibt eine starke Korrelation zwischen der physischen und emotionalen Gesundheit und der Gesundheit der Beziehungen, die wir in unserem Leben eingehen. Wie Robert Waldinger 2016 in seinem TED-Talk über die »Harvard Study of Adult Development« gesagt hat, »ist es nicht der Cholesterinspiegel, der in der Mitte des

Lebens voraussagt, wie wir alt werden, sondern das Maß unserer Zufriedenheit mit unseren Beziehungen. Die Leute, die mit 50 mit ihren Beziehungen am zufriedensten waren, erwiesen sich mit 80 als die gesündesten.«[8]

Wie schon zuvor gesagt: Ein gesunder Entwicklungsgang erlaubt dem Kind, zu einer emotional eigenständigen Person zu werden, zu einer Person, die ihre eigenen Gedanken und Gefühle spüren und gleichzeitig emotional mit der Familie verbunden bleiben kann.

Das Aufwachsen in Ihrer Familie

Auf dem Weg vom Teenager zum Erwachsenen tauchen viele Fragen dazu auf, wie viel Nähe mit wem, wann und wie oft gut ist.

1. Wurden in der Familie, in der Sie aufgewachsen sind, die Mahlzeiten gemeinsam eingenommen? Hat sich das für Sie gut angefühlt? Was hätten Sie lieber anders gehabt?
2. Wurde in Ihrer Familie während der Mahlzeiten oder im Auto miteinander geredet? Haben Sie sich entspannt oder angespannt gefühlt? Warum? Was hätten Sie lieber anders gehabt?

Für die nächsten Fragen bewerten Sie bitte Ihre Herkunftsfamilie auf einer Skala von 1 bis 10. Wählen Sie 1 für »fast immer distanziert« und 10 für »fast immer zusammen«. Es gibt keine falschen Antworten. Die Fragen helfen Ihnen, Ihre früheren Erfahrungen zu bewerten und zu beurteilen, was Sie gern anders

8 TED-Talk Waldinger, »What Makes a Good Life?«, 2016.

hätten. Versuchen Sie, die Beobachtungen und Erfahrungen in Ihrer Familie anschaulich zu beschreiben: Haben Sie Wärme, Fürsorge, emotionale Distanz, physische Distanz, Unterdrückung, Kälte, Geringschätzung, Konflikte oder Liebe empfunden?

3. Wie würden Sie die Paarbeziehung Ihrer Eltern in Bezug auf Nähe und Distanz bewerten? Waren Ihre Liebesbeziehungen mit Partnern oder Partnerinnen ähnlich oder unterschieden sie sich?
4. Wie war das Ausmaß an Nähe und Distanz in der Beziehung Ihrer Mutter zu ihren Eltern? Ist es dem Ausmaß an Nähe und Distanz zwischen Ihnen und Ihrer Mutter ähnlich? Und wie ist es zwischen Ihnen und diesen Großeltern?
5. Wie war das Ausmaß an Nähe und Distanz in der Beziehung Ihres Vaters zu seinen Eltern? Ist es dem Ausmaß an Nähe und Distanz zwischen Ihnen und Ihrem Vater ähnlich? Und wie ist es zwischen Ihnen und diesen Großeltern?
6. Wenn Sie Geschwister haben, beurteilen Sie bitte auch das Ausmaß an Nähe und Distanz zu ihnen. Wie hat sich das im Laufe der Zeit verändert?
7. Wie würden Sie auf der Skala von 1 bis 10 Ihre Erfahrung mit Nähe und Distanz in der Familie insgesamt bewerten? Fühlt sich dieses Ausmaß an Nähe und Distanz für Sie gut an?

Überlegungen zum gegenwärtigen Stand

1. Wie würden Sie das derzeitige Ausmaß an Nähe und Distanz bewerten, wenn Sie physisch Zeit mit Mitgliedern Ihrer Herkunftsfamilie verbringen? Fühlt sich das für Sie befriedigend an?
2. Wie würden Sie das derzeitige Ausmaß an Nähe und Distanz bezüglich der emotionalen Verbindung mit Mitgliedern Ihrer Herkunftsfamilie einschätzen? Fühlt sich das für Sie befriedigend an?
3. Wie haben sich die früheren Erfahrungen mit Nähe und Distanz auf Ihre gegenwärtigen Beziehungen ausgewirkt?
4. Haben Sie versucht, die übernommenen Muster für Nähe und Distanz in Ihrer eigenen Familie zu wiederholen? Oder haben Sie ganz bewusst versucht, es anders zu machen?
5. Meinen Sie, dass Sie Ihren Kindern mehr oder weniger Autonomie und Freiheit lassen, als Sie selbst es in Ihrer Familie erfahren haben?
6. Glauben Sie, dass die Beziehungsmuster in Ihrer Familie auch Ihre Freundschaften und anderen Beziehungen beeinflussen?

Wenn Sie die Beziehungsmuster erkennen, kann Ihnen das helfen, flexibler und konstruktiver mit Ihren Beziehungen umzugehen. Und wenn Sie Kinder haben oder öfter mit Vertretern einer jüngeren Generation zu tun haben, können Sie ihnen als Vorbild dienen.

Kapitel 5

Stühle mit drei Beinen

Familiendreiecke

»Wenn der Wind falsch bläst, kann ich's heute hören.
Die Sorge meiner Mutter stoppt dann jedes Spiel.
Und, wie wenn er an seinem richtigen Platz wäre,
teilt der finstre Blick des Vaters mein Gesicht.«
NAOMI REPLANSKY[1]

Wenn Sie an einen Stuhl mit zwei Beinen denken, können Sie sich vorstellen, wie schwierig es da wäre, das Gleichgewicht zu halten. Geben Sie ein drittes Bein dazu, und bilden Sie einen Dreifuß, wird der Stuhl stabil. In einer Familie ist das Dreieck die kleinste stabile Gruppierung. Im Verlauf der Entwicklung einer Familie ist in vielen Situationen Stress selbstverständlich. Man kann daher erwarten, dass in diesem System Dreiecksstrukturen erwachsen. Die Funktion dieser »Triangulierung« ist, das Gleichgewicht im Familiensystem zu erhalten. Das ist zunächst einmal weder gut noch schlecht.

Die Triangulierung ist eines der Interaktionsmuster, an dem die meisten Familientherapeuten ansetzen. Nach Murray Bowen

1 Replansky: Collected Poems, 2012, S. 83 (»An Inheritance«).

und anderen Systemtheoretikern besteht in einer Zweierbeziehung oder Dyade die Tendenz, eine dritte Person oder »Sache« (z. B. ein Haustier oder ein Hobby) in die Beziehung einzufügen, wenn sie zu eng oder zu distanziert geworden ist, was bei einem oder beiden Beteiligten der Dyade Ängste auslöst. Von der Triade erhofft man eine Reduktion dieser Ängste und eine Stabilisierung des Familiensystems.[2]

Ein gesundes Familiensystem fördert das Wachstum und die Entwicklung der beteiligten Personen. Auf diese Weise *dient* es den Beteiligten. In einem ungesunden Familiensystem ist es umgekehrt: Die Beteiligten dienen dem System bis zu einem Grad, bei dem sich dieser Dienst schädlich auf das Wachstum und die Entwicklung der Beteiligten auswirkt. Ein Dreieck richtet Schaden an, wenn ein Beteiligter oder mehrere ihrer Sicherheit, Geborgenheit und der Freiheit beraubt werden, persönlich und in ihren Beziehungen zu wachsen und sich zu entwickeln.

Dreiecke können also funktional oder dysfunktional sein. Funktionale Dreiecke sind im Allgemeinen kurzlebig und helfen, die Familie zu stabilisieren. Sie bestehen aus einer oder mehreren Personen, die in der Familie für eine bestimmte Zeit verschiedene Rollen übernehmen.

Als mein dritter Sohn geboren wurde, kam meine Schwiegermutter und wohnte eine Woche bei uns, um mir zu helfen. Sie übernahm das Kochen, kümmerte sich um unsere anderen zwei Söhne und half mir mit dem Baby. Ich war von ihr abhängig, sie war meine Vertretung in dieser Übergangszeit. Sie übernahm die Mutterpflichten, denn ich litt bei der Geburt des Babys an einer

2 Bowen: The Use of Family Therapy in Clinical Practice, 1971.

Lungenentzündung und brauchte daher selbst Bemutterung. Fast der gesamte Kontakt mit den anderen Familienmitgliedern und mit Freunden lief über meine Schwiegermutter – ausgenommen der Kontakt zum Baby und zu meinem Mann. Sie als Dritte in meine Beziehung einzufügen, war eine zeitlich begrenzte Maßnahme, damit ich meine Kraft zurückgewinnen konnte. Ihre Hilfe stabilisierte die Beziehung zu meinem Mann, den anderen Söhnen, dem neuen Kind, meinen Freunden und meinen Nachbarn.

Die Familiensystemtheoretiker sehen in der Triangulierung in der Regel ein Warnsignal. Der Grund ist, dass die meisten Dreiecke zur Stabilisierung einer Dyade ungesund sind. Sie sind ungesund, weil ein Teil der Dyade oder die gesamte Dyade die dritte Person oder Sache benutzt, um die Aufmerksamkeit von der Beziehung abzulenken. Die bestehenden Streitpunkte werden dabei nicht behoben. Dazu kommt, dass die dritte Person von der Situation geschädigt werden kann – insbesondere wenn diese dritte Person ein Kind ist.

Dreiecke mit Kindern

Besteht die Dyade aus einem Paar mit Kindern, sind diese das naheliegendste Ziel für eine Triangulierung. Eines oder mehrere Kinder können Teil einer Triade werden, um einen Ehekonflikt zu verschleiern oder um Elternfunktionen an die Stelle des Ehekonflikts zu rücken.

Kinder nehmen bei Triangulierung häufig bestimmte Rollen ein, über die ich in den vielen Jahren, in denen ich mit Familien gearbeitet habe, oft nachgedacht habe.

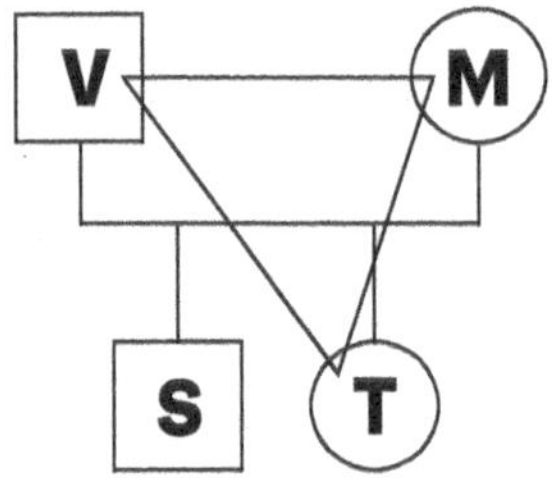

Abb. 5.1: Eltern-Kind-Dreieck aus Vater, Mutter und Tochter

Die häufigsten Rollen, auf die ich dabei gestoßen bin, sind:

1. das Kind als Tröster, Friedensstifter oder Retter,
2. das Kind als Vater oder Mutter, also als zum Elternteil gemachtes Kind, und
3. das Kind als Zentrum der Aufmerksamkeit: als Kind mit einer Verhaltensstörung oder als ein emotional, mental und/oder physisch krankes Kind.

Ich gebe im Folgenden einige Beispiele für diese Rollen.

Das Kind als Tröster, Friedensstifter oder Retter

Ruth, eine meiner Klientinnen, kam zu einer Sitzung, nachdem sie ihre Mutter und ihren Stiefvater besucht hatte. Sie beschrieb sich selbst als ängstlich und depressiv und war verblüfft, weil sich immer wieder dieselbe Dynamik entfaltete, wenn sie die beiden besuchte. Die Szenen waren unterschiedlich, aber die Dynamik war immer gleich.

Szene 1: Am Morgen. Alle drei beim Frühstück.
Mutter zum Stiefvater: »Holst du mir noch eine Tasse Kaffee?«
Stiefvater, beim Lesen der Zeitung: »Gleich. Wenn ich den Artikel zu Ende gelesen habe.«
Mutter: »Mein Gott …!«
Stiefvater: »Hol ihn dir selbst. Ich bin doch nicht dein Diener!«

(Ruth fühlt sich elend. Sie will die Spannungen in der Situation abbauen. Sie tritt also in die Dyade Mutter-Stiefvater ein und versucht, die beiden vor weiterem Streit zu bewahren.)

Ruth: »Es ist schon gut, Mama, ich hol dir den Kaffee.«
Mutter: »Lass ihn nicht so davonkommen! Er will nie das machen, worum ich ihn bitte. Ich glaube, du liebst ihn mehr als mich!«

(Die Mutter stapft hinaus. Ruth fühlt sich elend. Sie wollte doch nur *helfen*!)

Wie oft haben Sie sich selbst oder andere den Satz sagen hören »Ich wollte doch nur helfen«? Und standen vor einem Rätsel, weil am Ende Sie sich schlecht fühlten, obwohl Sie nur Gutes tun wollten, nämlich helfen?

Szene 2: Ruth und die Mutter brechen ins Einkaufszentrum zum Shoppen auf. Der Stiefvater hat vor, bis zu ihrer Rückkehr das Essen fertig zu machen.

Der Stiefvater fragt – außer Hörweite von Ruth – beim Hinausgehen die Mutter: »Kannst du zum Gemüsestand gehen und ein paar frische Tomaten für den Salat mitbringen?«
Mutter: »Klar. Wir sind um sechs zurück.«

(Um Viertel vor sechs kommen Ruth und die Mutter zurück: *ohne* Tomaten!)

Stiefvater: »Wo sind die Tomaten?«
Mutter: »Oje, ich hab sie vergessen. Wir können den Salat doch auch ohne Tomaten essen.«
Stiefvater: »Ich hab die ganze letzte Stunde damit verbracht, für uns alle Essen zu machen. Und du kannst nicht einmal die Tomaten mitbringen!«

(Er wirft das Geschirrtuch auf den Boden und dreht den Frauen den Rücken zu.)

Ruth, als Retterin: »Ich geh schnell los und hol die Tomaten.«

(Sie bringt die Tomaten. Das Abendessen der Familie verläuft angespannt. Die Mutter und der Stiefvater sagen kein Wort. Ruth versucht, ein Gespräch in Gang zu halten, und fühlt sich wieder beklommen.)

Dieses Muster wiederholt sich immer wieder. Wie ist Ruth in diese Rolle der Retterin und Trösterin hineingeraten? Am wahrscheinlichsten ist, dass sie von der Mutter, dem Stiefvater oder beiden als Dritte in ihre Streitereien hineingezogen wurde. Daraufhin versuchte sie, die Retterin zu sein. Sie hat schon als Kind die Rolle der Friedensstifterin akzeptiert. Ein Friedensstifter fühlt sich oft für die Rettung zuständig.

In der Therapie haben wir Ruths ängstliche Gefühle untersucht und festgestellt, dass sie mit ihren zwecklosen Anstrengungen zusammenhängen, die Spannung zwischen den Eltern zu verringern. Ruth erkannte außerdem, dass sie die Rolle der Friedensstifterin und Retterin auch jenseits ihres Elternhauses übernahm.

Als ihr bewusst wurde, welchen Anteil sie selbst daran hatte, dass sie diese Rollen übernahm, erkannte sie, dass sie eine Entscheidung treffen konnte: Sie konnte die Rollen weiter übernehmen – oder aber sie aufgeben. Wenn sie sich entschließen würde, die Rollen aufzugeben, wäre es für sie natürlich auch wichtig, sich nicht länger für die Beziehung ihrer Eltern verantwortlich zu fühlen. Hoffentlich würde sie lernen, den Stress, den sie empfand, sobald sie die Spannungen zwischen den Eltern bemerkte, in den Griff zu bekommen. Sie musste verstehen, dass sie die Ehe der Eltern nicht in Ordnung bringen konnte, solange sie sich nicht von deren Gefühlen gelöst hatte.

Als Erwachsene war Ruth aus eigenem Entschluss Teil eines Dreiecks geworden. Sie war aber seit ihrer Kindheit Teil dieses Musters. Es ist nicht ungewöhnlich, dass Kinder von ihren Eltern »trianguliert« werden: Wie wir in unserem Beispiel gesehen haben, wollen sie dabei, dass das Kind die Rolle eines Friedensstifters oder Retters übernimmt. Normalerweise ist es ein Erwachsener, der ein Kind in das Dreieck hineinzieht. Wenn man einmal darin gefangen ist, kann es sehr schwer sein, wieder zu entkommen. Es erfordert Aufmerksamkeit und den Willen, eine neue Entscheidung zu treffen. Und Mut, zu handeln.

Dreiecke sind nicht zu vermeiden. Dass man Teil eines Dreiecks ist, ist noch kein Problem. Es geht vielmehr darum, wie man aus dieser Position heraus handelt, denkt und fühlt. Hat man das Dreieck erkannt, gibt es mehrere Möglichkeiten. Man kann entscheiden, Teil des Dreiecks zu bleiben oder es zu verlassen. Wenn man sich für das Bleiben entscheidet, kann man wählen, welche Funktion man in dem Dreieck erfüllen will. Es ist dann wichtig, sich dieser Dynamik immer bewusst zu sein, eine offene Kommunikation zu pflegen und nicht die Ängste zu übernehmen, die die beiden anderen im Dreieck haben. Keine einfache Aufgabe!

Achtsamkeit ist der erste Schritt, um sich aus einem ungesunden Muster von Gedanken und Handlungen zu befreien. Wenn man vorhat, sich aus einem Dreieck zu verabschieden, kann man das entweder im Rahmen eines Gesprächs mit den anderen Beteiligten kommunizieren oder einfach das eigene Verhalten dementsprechend ändern. Es hängt von der emotionalen und mentalen Gesundheit der anderen Beteiligten ab, ob es für einen selbst besser ist, erst gar keine Diskussion zu beginnen, wenn abzusehen ist, dass sie in Chaos und Desaster endet.

Carol, eine meiner Klientinnen, klagte bei einer unserer Sitzungen, dass ihr Schwager sie immer anrief, wenn er sich mit ihrer Schwester gestritten hatte. Er bat sie dann, seine Ehefrau zur Vernunft zu bringen. Carol rief daraufhin die Schwester an und versuchte, sie zu beruhigen. Carol empfand sich als »Schiedsrichterin«. Sie wollte diese Rolle aber nicht mehr und bat ihren Schwager, sie nicht mehr anzurufen, wenn er mit seiner Frau stritt. Er bat sie auch nicht mehr, mit ihrer Schwester zu reden, rief aber weiterhin an und beklagte sich. Carol sagte ihm, sie verstehe seine

Frustration, wolle aber weder in ihren Streit hineingezogen werden noch Klagen über ihre Schwester hören. Sie empfahl zum wiederholten Mal eine Paartherapie. Als der Schwager wieder einmal anrief, um sich zu beschweren, sagte sie ihm: »Ich weiß, dass du wütend bist, ich stehe aber für eine Diskussion darüber nicht zur Verfügung.« Sie musste ihm diese klare Grenze drei Mal setzen, bis er merkte, dass es ihr ernst war. Carol hat sich mit Erfolg aus diesem Familiendreieck befreit.

Mein Klient Kirk ist 23 Jahre alt. Er kam zur Therapie, da er Teil eines ungesunden Dreiecks mit seinen Eltern war. Einer oder beide riefen ihn oft an, um ihn als Retter beim gerade aktuellen Dilemma hinzuzuziehen. Die Eltern waren beide in den späten 50ern. Die Mutter hatte eine Bipolare Störung und nahm Medikamente, während der Vater mithilfe von Alkohol versuchte, mit der Situation klarzukommen. Kirk hatte sich bemüht, mit den Eltern über das Muster zu reden, ihn als ihren Retter hinzuzuziehen, sie machten ihm aber deswegen nur Vorwürfe und sagten, er sei ein schrecklicher Sohn. Er erkannte, dass es ihm nichts brachte, mit den Eltern darüber zu reden, und dass »Taten lauter sprechen als Worte«.

Kirk erlaubte sich, die beiden nicht mehr retten zu müssen, und traf Vorkehrungen zu seinem Selbstschutz. Zum Beispiel beschloss er, nicht sofort ans Telefon zu gehen, wenn einer der beiden anrief. Er hörte sich zuerst die Botschaft auf dem Anrufbeantworter an und rief nur zurück, wenn er nicht als Retter angefordert wurde. Wenn sie etwas brauchten, schickte er eine Nachricht, um zu sagen, dass er beschäftigt sei. Oder er schlug ihnen vor, jemand anderen um Hilfe zu bitten. Wenn also die Mutter anrief, um zu sagen, dass der Wasserhahn tropfe und der Vater ihn nicht repariere, antwortete er entweder gar nicht oder er schickte eine Nachricht mit dem Ratschlag »Ruf einen Klempner«.

Das Kind als Vater oder Mutter

Kinder werden auch gern von einem Elternteil in ein Dreieck gezogen, um eine Elternrolle zu übernehmen. Das Kind wird dabei zu einem »verelterten« oder »parentifizierten« Kind – so wie ich es eine kurze Zeit war, während mein Vater im Krankenhaus lag (siehe Kapitel 2).

Ein Kind, das in einer solchen Rolle feststeckt, wird vermutlich ängstlich und /oder depressiv werden und möglicherweise unsicher. Das zeigt sich oft bei Familien, in denen ein Elternteil drogenabhängig ist. Es zeigt sich auch oft bei Alleinerziehenden. Ich habe in Kapitel 2 darauf hingewiesen, wie wichtig eine elterliche Hierarchie ist, und als persönliches Beispiel erzählt, wie ich selbst in eine elterliche Rolle geriet. Wie erwähnt, kann es Situationen geben, in denen ein Kind eine solche Rolle übernimmt, um das Familiensystem zu unterstützen – ohne dabei zu Schaden zu kommen.

Als ältestes Kind hatte ich oft das Gefühl, von beiden Eltern in eine elterliche Rolle gedrängt zu werden. Meine Mutter erwartete, dass ich ihr bei der Hausarbeit half – weit über das hinaus, was meinem Entwicklungsstand entsprach. Ich war vier, als meine Schwester geboren wurde. Das süße Baby kam mit infizierten Finger- und Fußnägeln aus dem Krankenhaus. Mein jüngerer Bruder, der zwei Jahre alt war, und ich hatten Mumps. Meine arme Mutter kam in unser Zimmer, um sich um den Bruder und mich zu kümmern. Dann ging sie raus, warf alle Kleider auf den Boden und badete, bevor sie das Zimmer des Babys betrat, um sich um das Kleine zu kümmern und seine infizierten Nägel zu behandeln.

Nach einigen Wochen, als wir Kinder wieder gesund waren, hatte meine Mutter einen Nervenzusammenbruch, wie man das damals nannte. Es war eher ein schwerer mentaler Notfall als eine Krankheit mit einer eindeutigen Diagnose. Für sie und uns war es furchterregend. Sie war durch den starken Stress völlig verausgabt und konnte unter dem physischen und emotionalen Zwang nicht mehr funktionieren. Meine Erinnerung ist verschwommen, aber dieser Zustand schien einige Wochen anzuhalten.

Ich erinnere mich noch, wie ich in der Küche auf einem Stuhl stand und im Spülbecken Geschirr wusch und abtrocknete, während mein Vater die beiden Kleinen ins Bett brachte. Ich war erst vier! Ich habe damals bloß gedacht, dass ich Dinge machte, die große Mädchen eben so machen.

Als »verelterte s« Kind fühlte ich mich wirklich als etwas Besonderes. Wenn ich aber an meine Gefühle unter der Oberfläche denke, erweist sich das »Besondere« als ein Unbehagen. Ich wusste, wie die meisten zu Eltern gemachten Kinder, dass etwas *nicht in Ordnung* war. Und das fühlte sich nicht gut an!

Wird ein Kind in ein Dreieck hineingezogen, um dort eine Elternrolle einzunehmen, kann es dazu tendieren, sich für die Familie aufzuopfern. Es opfert sich auf, indem es zu viel von seinem *Selbst* aufgibt, von seinen eigenen Wünschen, Bedürfnissen und Träumen, um die Rolle des »verelterten« Kindes zu spielen. Das schadet ihm, und zwar umso mehr, je länger das Kind in einer solchen Rolle feststeckt.

Für ein Kind, das allein mit der Mutter oder dem Vater aufwächst, ist es nicht ungewöhnlich, eine Elternrolle zu übernehmen.

Diese Situation entsteht oft aus logistischen Gründen. Das folgende Beispiel handelt aber von einer intakten Familie mit Mutter, Vater, einer älteren Tochter und einem jüngeren Sohn.

Die Mutter arbeitete tagsüber, der Vater hatte Nachtschicht in einer nahen Fabrik. Nachdem der Vater zur Arbeit aufgebrochen war und bevor die Mutter nach Hause kam, gab es immer eine Zeitspanne von zwei oder drei Stunden, in der die Tochter und der Sohn nach der Schule allein zu Hause waren. Die Tochter musste dem Sohn bei den Hausaufgaben helfen und ihre eigenen machen. Es wurde erwartet, dass sie das Abendessen machte, sodass es fertig war, wenn die Mutter von ihrem harten Arbeitstag nach Hause kam. Sie räumte auch nach dem Abendessen die Küche auf. So ging es Tag für Tag und Jahr für Jahr.

Nachdem die Tochter ihren Abschluss als Krankenpflegerin gemacht hatte, kam sie zu mir in Therapie. Sie war schwer depressiv. Bei unserer Arbeit wurde deutlich, dass sie nie die Zeit und Möglichkeit gehabt hatte, ihre eigenen Wünsche und Bedürfnisse herauszufinden und zu erfüllen. Es geht hier nicht um Schuld. Ihre Eltern hatten natürlich nicht vor, ihre Tochter depressiv zu machen. Sie brauchten sie einfach in einer elterlichen Rolle, damit die Familie funktionieren konnte. Meine Klientin war aber so tief in dieser Rolle gefangen, dass sie sich selbst aufgab. Erst im Verlauf unserer Arbeit erlaubte sie sich, ihre Gefühle, Wünsche, Bedürfnisse und Träume wahrzunehmen. Sie fing an, sich um sich selbst zu kümmern. Das linderte ihre Depressionen.

Man kann nur hoffen, dass Familien, in denen eines oder mehrere der Kinder in elterliche Rollen schlüpfen müssen, einen Weg finden, die Kinder dabei zu unterstützen, Kind zu sein. Ich kenne viele Familien, denen das gelungen ist. Dafür müssen die Eltern achtsam sein und sich das bewusst vornehmen.

In dem Beispiel oben habe ich ein Kind beschrieben, das eine Elternrolle übernommen hat, weil die Familie das aufgrund der gegebenen Umstände brauchte. Es gibt aber auch Situationen, in denen Eltern ein Kind in eine elterliche Position zwingen, um den Druck ihrer eigenen Ängste, Depressionen und Unsicherheiten zu mildern – oder um der Einsamkeit zu entkommen.

Das erinnert mich an eine andere Familie, die zu mir in die Therapie kam. Die Mutter brachte ihre 13-jährige Tochter zu mir, die unter Depressionen litt und sich selbst verletzte. Sie war immer wieder von einem Lehrer dabei beobachtet worden, wie sie mit einem Stift in ihren Arm stach. Die Tochter erzählte, wie sehr es sie verstörte, dass ihre Mutter sie wie eine Ratgeberin behandelte und mit ihr über ihre Beziehungen sprach, die sie mit verschiedenen Männern hatte – die sexuellen Aspekte dieser Beziehungen eingeschlossen. Die Mutter zog keine gesunde Grenze zu ihrer Tochter und drängte sie in eine elterliche Rolle, indem die Tochter ihrer Mutter Ratschläge geben sollte. Das musste *aufhören*. Zum Glück war die Mutter bereit, der Tochter zuzuhören. Es war für mich offensichtlich, dass die Mutter nicht mit der Tochter zur Therapie gekommen wäre, wenn sie sich nicht Sorgen gemacht hätte. Ich arbeitete mit ihnen daran, klare Grenzen zu ziehen. Die Mutter verwies ich in eine Einzeltherapie. Sie brauchte und wollte ganz klar jemanden, mit dem sie reden konnte!

Das Kind als Zentrum der Aufmerksamkeit

Kinder können auch »trianguliert« werden, indem sie ins Zentrum der Aufmerksamkeit der Eltern gerückt werden. Wenn sie zum Beispiel Ärger machen oder rebellieren, gleicht das die Spannung zwischen den Eltern aus und lenkt vom mentalen oder emotionalen Stress eines oder beider Elternteile ab. Die Eltern konzentrieren sich dann ganz auf das Kind statt auf sich selbst oder auf ihre Beziehung. Es gibt Eltern, die mehrere Kinder benutzen, um diese Rolle zu besetzen. Es kann sogar sein, dass sie die Kinder wechseln, die sie für die eine oder andere Rolle »triangulieren«.

Kinder sind dafür besonders geeignet, wenn sie verhaltensauffällig sind, in Schwierigkeiten stecken oder krank sind. Sich mit dem physisch, emotional oder mental »kranken Kind« zu befassen, ist ein Weg, mit dem Eltern Beziehungsstress und intrapsychischen Problemen ausweichen. Es ist wichtig, festzuhalten, dass das weder den Eltern noch dem Kind bewusst ist: Weder machen die Eltern das Kind bewusst krank, noch will das Kind krank sein.

Ein Beispiel ist die Schulangst. Herr Clark brachte seinen achtjährigen Sohn Tommy zur Therapie, weil der sich weigerte, zur Schule zu gehen. Die Diagnose war Schulangst. Jeden Morgen, wenn Herr Clark versuchte, Tommy zur Schule zu bringen, fing der an, zu brüllen und zu weinen. Er trat nach seinem Vater und warf sich dann heulend auf den Boden. Herr Clark hatte auch versucht, den Jungen mit Gewalt ins Auto zu zerren und zur Schule zu fahren. Tommy brüllte erbarmungslos weiter und weinte schließlich bitterlich. Wie von den Lehrern und der Schulleitung vorgeschlagen, ließ Herr Clark seinen Sohn ein paarmal in der Schule. Jedes Mal wurde Herr Clark nach ein paar Stunden angerufen, weil Tommy untröstlich war und den Unterricht störte. Er wurde gebeten, seinen Sohn wieder abzuholen und nach Hause zu bringen.

In diesem Fall war Schulangst die richtige Diagnose. Die Frage war, welche Therapie am besten geeignet war, dieses Problem anzugehen. Zur Auswahl standen eine Einzeltherapie mit Tommy und eine Familientherapie, die sich mit den Problemen des Familiensystems befassen würde.

Herr Clark arbeitete im Homeoffice. Ich vereinbarte eine Einzelsitzung mit ihm. Beim Blick auf die Familiengeschichte zeigte sich, dass Tommy ab dem Tag nicht mehr in die Schule gehen wollte, an dem seine Mutter auszog, um mit ihrem Liebhaber zusammenzuleben. Herr Clark teilte mir mit, dass er zutiefst depressiv sei und sogar schon an Selbstmord gedacht habe. Ich schlug ihm vor, uns einige Male ohne Tommy zu treffen, weil ich den Verdacht hatte, dass Tommys Schulangst daher rührte, dass er den Schmerz seines Vaters spürte und das Gefühl hatte, zu Hause bleiben zu müssen, um über ihn zu wachen. Ich erarbeitete mit Herrn Clark Möglichkeiten, dem Sohn klarzumachen, dass er sich keine Sorgen um den Vater machen müsse.

Herr Clark entschloss sich, die Einzelarbeit mit mir fortzusetzen, während regelmäßig auch beide zusammen zu mir kamen. Ich half ihm, seinen Schmerz über das Ende der Ehe zu verarbeiten und seinem Sohn, der traurig über die bevorstehende Scheidung und den Auszug der Mutter war, der Vater zu sein, den er brauchte. Während Herrn Clarks Heilungsprozess voranging, fing Tommy an, wieder in die Schule zu gehen: zuerst sporadisch, aber nach kurzer Zeit wieder regelmäßig.

Ich habe Tommys Problem als ein Stresssymptom im Familiensystem gesehen. Das Problem lag nicht bei Tommy, sondern im Familiensystem. Eine derartige Situation ist nicht ungewöhnlich.

Davon abgesehen, muss aber noch angemerkt werden, dass es nicht nur »systemische« Gründe für Störungen im Familiensystem gibt. Kinder können auch biologisch, emotional oder mental krank sein. Diese Krankheit ist dann *nicht* die Antwort auf die Struktur der interpersonellen Beziehungen innerhalb der Familie.

Es wäre auch fahrlässig, nicht mit Nachdruck festzuhalten, dass diese interpersonellen Beziehungen einen Kranken sowohl negativ wie positiv beeinflussen können. Es hat sich gezeigt, dass Beziehungen eine Behandlung oder Heilung behindern können, aber auch eine ergiebige Heilungsquelle für ein krankes Familienmitglied sein können. Als Beziehungstherapeutin weiß ich das seit Jahrzehnten. Viele Therapeuten und andere haben das intuitiv und anhand ihrer Erfahrungen bestätigt.

Inzwischen haben wir auch den wissenschaftlichen Beweis. Ich schätze schon lange die Arbeiten des Psychiaters Daniel Siegel und bin von ihnen fasziniert. Seine Forschungen unterstreichen die Bedeutung der Qualität wichtiger Beziehungen für die Gesundheit und das Wohlbefinden.[3]

In den letzten paar Jahrzehnten hat uns die Neurowissenschaft geholfen, die Verbindungen zwischen Geist, Körper und Beziehungen besser zu verstehen. Aus diesen wichtigen Forschungen sind immer mehr Behandlungsoptionen entstanden, die in all

3 Siegel: Wie wir werden, die wir sind, 1999.

ihren Heilungsaspekten für das biologisch/chemische, mentale und emotionale Wohlbefinden erforscht wurden.

Dreiecke mit der erweiterten Familie

Bei der Arbeit mit Paaren entdeckt man häufig, dass die Quelle der Spannungen eine Dreiecksbildung mit der erweiterten Familie ist. Ein Dreieck mit den Schwiegereltern ist dabei vermutlich die häufigste Variante. Es ist das Lieblingsthema vieler Filme und Romane. Ich werde mehr darüber in Kapitel 6 sagen, in dem es um Fragen der Loyalität und des tradierten Erbes der Familie geht.

Das erste Ziel bei der Arbeit mit einem Paar, das Probleme mit den Schwiegereltern hat, ist, ihm zu einer sicheren, vertrauenswürdigen Beziehung zu verhelfen. So können sich die beiden Partner sicher genug fühlen, einander zur wichtigsten Bezugsperson in ihrem Leben zu machen statt der jeweiligen Eltern und Schwiegereltern. Man kann nur hoffen, dass beide Teile des Paares diese Veränderung in einer Weise umsetzen können, unter der die Beziehungen zu den Eltern nicht leiden.

Ineinandergreifende Dreiecke

In einem Familiensystem »arbeiten« viele Kombinationen von Dreiecken zur gleichen Zeit. Sie greifen ineinander, weil eine Person, die zu einem Dreieck gehört, auch zu anderen Dreiecken gehören kann.

Hier ein Beispiel für solche ineinandergreifenden Dreiecke: Mary ist eine 40 Jahre alte Nonne, die ganz in ihrem katholischen Glauben aufgeht. Sie ist ihrer verwitweten Mutter eine liebevolle

Tochter, hat ein enges Verhältnis zu ihrer jüngeren Schwester Sarah und betet deren Tochter Holly an, die 15 Jahre alt ist.

Sarah und ihre Mutter, die Großmutter von Holly, streiten ständig über alles, besonders darüber, wie sich Sarah gegenüber Holly als Mutter verhält. Beide versuchen, Mary auf ihre Seite zu ziehen.

Holly, Marys Nichte, liegt häufig im Streit mit ihrer Mutter und der Großmutter und geht oft zu ihrer Tante Mary, um sie bei der Auseinandersetzung mit den beiden um Hilfe zu bitten. Holly will oft, dass Mary eingreift. Obwohl sie eine Nonne ist, hält Holly sie für offener und aufgeschlossener als ihre Mutter und die Großmutter. Die Dreiecke sehen so aus:

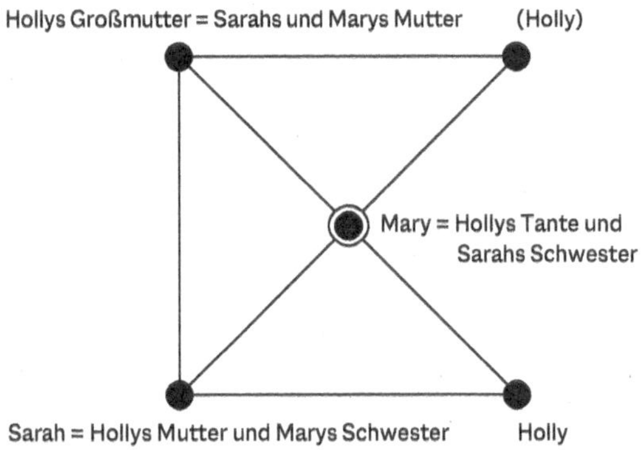

Abb. 5.2: Generationenübergreifende, ineinandergreifende Dreiecke

Mary freut es vielleicht, Teil dieser Familiendreiecke zu sein. Vielleicht mag sie es, sich wichtig und mit allen verbunden zu fühlen. Vielleicht schätzt sie den Einfluss, den sie auf die anderen

Familienmitglieder hat: Er gibt ihr Kraft und das Gefühl, dazuzugehören. Wenn das so ist, leidet sie vermutlich nicht unter den Triangulierungen. Sollte aber Mary oder jemand anderes aus der Familie die Dreiecksbündnisse eher als negativ denn als positiv empfinden, wäre das ein Problem.

Jede Familie hat einen Satz solcher ineinandergreifender Dreiecke, die sich im Laufe der Zeit ändern – oder auch starr bleiben. Es gilt aber für diese wie für alle Dreiecke, dass sie existieren, um das System in irgendeiner Weise zu stabilisieren.

Triangulierung jenseits der Familiengrenze

Bisher habe ich mich auf Triangulierungen bezogen, bei denen Mitglieder einer Dyade eine dritte Person aus der Familie dazuholen und so eine Triade daraus machen. Das geschieht, um bei mindestens einem Mitglied der Dyade Ängste zu reduzieren. Die an der Dyade beteiligten Personen sind sich im Allgemeinen nicht bewusst, dass sie versuchen, ihre Ängste durch die Triangulierung einer dritten Person zu reduzieren. Oft ist diese dritte Person, die zur Dyade hinzugeholt wird, ein Kind. Es kann aber auch ein Elternteil, ein Bruder oder eine Schwester sein – und jenseits der Familiengrenze ein Freund oder eine Liebhaberin.

Die Mitglieder einer Dyade können zur Reduzierung ihrer Ängste auch eine Triade mit einem Job, einem Hobby, einer Religion oder einem Haustier bilden. Heutzutage erfüllt der Computer oder insbesondere das Smartphone oft eine solche Funktion.

Eine der häufigsten Klagen, die ich von Paaren höre, ist, dass der Partner oder die Partnerin nicht ansprechbar ist – und zwar weder physisch noch *emotional*. Gewöhnlich wird angeführt, dass die *andere Person* zu viel arbeitet, zu viel Golf spielt, die ganze Zeit damit verbringt, Freunden zu helfen, sich nur um die Kinder kümmert, zu viel im Garten arbeitet oder ständig am Smartphone hängt. Mir kommt das wie der Versuch vor, Konflikte und Intimität oder *beides* zu vermeiden. (Ich glaube, wahre Intimität gibt es nicht ohne Konflikte.)

Ich fasse zusammen: Triangulierungen gibt es im Verlauf des Lebenszyklus der Familie und über die Generationen hinweg immer wieder und in großem Umfang. Eine dritte Person oder so etwas wie ein Hobby zu triangulieren, kann eine kurzzeitige Lösung darstellen oder auch eine Konstante über lange Zeit werden. Es kann nur geringen Einfluss auf die übrigen Familienmitglieder haben – oder für den einen oder anderen verheerende Folgen.

Geschwisterposition – Geburtenfolge

Verheerende Folgen treten besonders dann auf, wenn sich die Triade verfestigt und die Beteiligten über Jahre oder Jahrzehnte in ihr eingesperrt sind. Welches Kind oder welche Kinder zur Triangulierung des ehelichen Subsystems ausgewählt werden, wird oft durch das Geschlecht des Kindes und durch seine Position in der Geburtenfolge bestimmt.

Lange vor der Entwicklung der Familiensystemtheorie hat der Psychologe Alfred Adler, der ein Zeitgenosse von Sigmund Freud war, Theorien der Persönlichkeit entwickelt, die auf dem Versuch basieren, das Individuum im Kontext der Geburtenfolge der Familie zu verstehen.

Adlers Überlegungen zur Geschwisterposition und den Attributen, die er ihr jeweils zuschreibt, haben mich beim Studium seiner Psychologie besonders interessiert. Ich habe zwar herausgefunden, dass es *immer* Ausnahmen gibt, und bin ihnen auch schon oft begegnet, habe aber trotzdem beschlossen, diese Attribute hier vorzustellen, da in solchen Theorien meist ein wahrer Kern steckt. Die Geburtenfolge und die Stellung unter den Geschwistern stellen oft einen wichtigen Bezugsrahmen dar, wenn man ein Familiensystem untersucht.

Heinz Ansbacher, der in Frankfurt a. M. geborene deutsch-amerikanische Psychologe, hat zusammen mit seiner Frau Rowena das Folgende über die Geschwisterposition geschrieben, wie sie in der Psychologie Adlers diskutiert wird:

Das *erstgeborene Kind* hat immer das Bedürfnis nach Bestätigung und Anerkennung. Adler führt das darauf zurück, dass es die ungeteilte Aufmerksamkeit der Eltern verliert und entthront wird, wenn ein zweites Kind geboren wird: »Der Erstgeborene wird im allgemeinen sehr beachtet und verwöhnt. Es passiert zu häufig, daß er sich ganz plötzlich und abrupt aus seiner Position vertrieben sieht. [...] Jetzt muß er die Beachtung des Vaters und der Mutter mit einem Rivalen teilen.« Das erstgeborene Kind kompensiert diesen Verlust das ganze Leben lang, indem es versucht, seine Ausnahmestellung zurückzugewinnen. Erstgeborene können oft gut mit Erwachsenen umgehen und tendieren dazu, das ganze Leben lang produktiv zu sein. Erstgeborene »üben sich in der Nachahmung ihres Vaters oder ihrer Mutter« und »kümmern sich um [die jüngeren] Geschwister, lehren sie und fühlen sich für ihr Wohl verantwortlich. Manchmal entwickeln sie ein großes Organisationstalent.«

Dagegen muss das *zweitgeborene Kind* »von Geburt an [...] seine Beachtung mit einem anderen Kind teilen, und darum ist es mehr zur Kooperation geneigt als das ältere Kind. […] Immer ist ein Kind ihm voraus, und somit wird es angeregt, sich anzustrengen und aufzuschließen. Ein typisches zweites Kind ist sehr leicht zu erkennen. Es benimmt sich, als ob es an einem Wettlauf teilnähme, steht immer unter Dampf.« Zweitgeborene und »Sandwichkinder« müssen um ihren Platz in der Familie kämpfen. Manchmal tun sie sich in der Musik oder im Sport hervor, um ihr Ziel zu erreichen: die Anerkennung der Eltern. Oft sind sie diplomatisch geschickter als das älteste oder jüngste Kind und reagieren flexibler auf Änderungen.

»Alle Kinder können entthront werden, aber niemals das *jüngste.*« Nach Adlers Theorie kann das »Nesthäkchen« egoistisch und unselbstständig sein. Es darf Spaß haben und liebt es, im Zentrum der Aufmerksamkeit zu stehen, während es die anderen gern unterhält. Das jüngste Kind zeigt oft Vertrauen zu anderen und tut sich leicht, mit ihnen umzugehen. Es ist oft erfolgreich wegen seiner Fähigkeit, Beziehungen zu knüpfen.

Bei *Einzelkindern* beschreibt Adler die Tendenz, die Charakterzüge des ältesten oder jüngsten Kindes anzunehmen. Da Einzelkinder die Aufmerksamkeit der Eltern nicht teilen müssen, kann es für sie schwierig sein, mit anderen zu teilen oder Absagen zu verkraften.

Alfred Adler beobachtete beim Vergleich von gleichaltrigen Kindern, dass Einzelkinder oft vernünftiger wirken, sich im Kreis von Erwachsenen wohlfühlen und dazu tendieren, besser bei intellektuellen und kreativen Aufgaben abzuschneiden.[4]

---

4 Ansbacher/Ansbacher: Adlers Individualpsychologie, 2021, S. 304–307. Dort finden sich auch die Nachweise der Zitate aus Adlers Werken, insbesondere aus Wozu leben wir?

Es ist wichtig, sich daran zu erinnern, dass Geschlecht, Klasse, Altersunterschiede und das Temperament einige der Variablen sind, die bestimmen, wie sehr die Geschwisterposition die Erfahrungen eines Familienmitglieds beeinflusst.

Alle Positionen in der Geburtenfolge haben ihre positiven und negativen Seiten. Sie zu kennen und sich die eigenen Wahlmöglichkeiten bewusst zu machen, erlaubt es, die möglichen Beschränkungen zu überwinden, die mit einer bestimmten Position in der Geburtenfolge verbunden sind. Je mehr das einzelne Familienmitglied seinen eigenen Gedanken und Gefühlen, getrennt von denen der anderen Familienmitglieder, nachgehen kann, umso größer sind seine Wahlmöglichkeiten.

Triangulierung kommt oft vor, wenn sich ein Kind in der gleichen Geschwisterposition befindet wie früher der Elternteil gleichen Geschlechts. Dieser Elternteil kann sich dann mit diesem Kind überidentifizieren. Ein Beispiel: Eine Mutter, die das jüngste Kind war und sich aus diesem Grund besonders schutzlos fühlte, setzt sich vielleicht besonders für ihre jüngste Tochter ein, wenn sie den Eindruck hat, dass die Geschwister sie schikanieren. Diese Mutter könnte versuchen, die jüngste Tochter zu beschützen, wenn sie denkt, dass ihr Mann zu streng mit ihr umgeht oder sie zu hart bestraft. Vielleicht versucht sie auch, dieses Kind über alles Maß an sich zu binden, und hält dadurch die Distanz zu ihrem Ehemann aufrecht.

George und Sue kamen mit Beth, ihrer jüngsten Tochter, in die Therapie. Beth war erwischt worden, als sie auf der Mädchentoilette rauchte, und wurde von der Schule suspendiert. George berichtete, er habe sich schon einige Monate über Beth geärgert, weil sie sich nicht an die Regeln halte. Und über Sue habe er sich nicht nur geärgert, weil sie ihm nicht den Rücken stärke, sondern auch, weil sie mit ihm darüber streite, wie man mit Beths »schlechtem« Benehmen umgehen müsse. Ich sah, dass Beth und Sue die Augen verdrehten, während sich George erregt über »das Problem« ausließ.

Es stellte sich heraus, dass Sue die jüngste Tochter eines schwer alkoholsüchtigen Vaters war. Außerdem erfuhr ich, dass das zweite Kind von George und Sue, der einzige Sohn, drei Monate zuvor ausgezogen und aufs College gegangen war. George sagte, er vermisse seinen Sohn und finde es frustrierend, der einzige Mann im Haus zu sein. Es wurde schnell klar, dass George und Sue die Kinder benutzt hatten, um die Leere auszufüllen, die durch die Distanz in ihrer Ehe entstanden war. Beide schienen gleichermaßen Angst vor Nähe zu haben. Sue erfüllte ihre Bedürfnisse nach Nähe in ihrer maßlos engen Beziehung zu Beth. Die Versuche Georges, sich ihr nach dem Auszug des Sohns anzunähern, empfand sie als beängstigend. Sues Versuch, Beth noch mehr an sich zu binden, trieb ihre Tochter zur Rebellion. Dieses »Ausagieren« war ihr Versuch, zu zeigen, dass sie erwachsen wurde und sich von der Familie abnabelte. Sue schlug sich auf die Seite ihrer Tochter, um so die Nähe zu George zu vermeiden.

Wieder einmal empfahl ich eine Paartherapie. Es ist oft so, dass die Kinder ihre Eltern zur Therapie »bringen«!

Wie schon erwähnt, verursachen Dreiecke umso mehr Verheerungen bei den Beteiligten, je starrer sie sind. Starre Dreiecke bleiben gewöhnlich über viele Jahre unverändert. Sie werden manchmal als die »zentralen« oder »dominanten« Familiendreiecke bezeichnet. Ein solches dominantes Familiendreieck herrscht gewöhnlich über alle anderen Dreiecke des Familiensystems. Fast immer besteht es aus Personen verschiedener Generationen, und es kann sich über Generationen wiederholen – was es auch meistens tut.

Es ist nicht ungewöhnlich, dass zu dem dominanten Familiendreieck ein Kind gehört, das eine Erwachsenenrolle spielt. Es kann auch ein Kind mit Problemen sein oder ein Kind, das zum Sündenbock gemacht wird. Diese Rollen können auch von Kind zu Kind weitergegeben werden.

Ich erinnere mich, wie erstaunt ich war, als ich zum ersten Mal in meiner Praxis mit diesem Phänomen konfrontiert wurde. Es war die Familie Taylor. Herr und Frau Taylor kamen nur ungern mit ihren drei Kindern Kevin (17), Tim (14) und Billy (9) zur Therapie. Ich sage »ungern«, da sie mich zuerst nur mit Kevin aufsuchen wollten, nachdem sie erklärt hatten, er sei »das Problem«. Ich hatte aber darauf bestanden, dass bei der ersten Sitzung *alle* Familienmitglieder mitkamen.

Kevins »Problem« war, dass er mit ein paar Freunden die Schule geschwänzt und man Marihuana in seiner Schultasche gefunden hatte. Die Eltern wollten, dass ich Kevin wieder »hinbekam«. Nachdem ich ihnen nur ein paar Minuten Zeit gegeben hatte, um Kevin niederzumachen, stellte ich *allen* meine übliche Frage: »Wenn Sie die Familie in irgendeiner Weise ändern könnten, damit sie mehr so wäre, wie Sie es sich wünschen, was würden Sie ändern?« Ich beschloss, mit Billy, dem Jüngsten, zu beginnen.

Billy: »Ich würde gern einen Hund haben … (Einzelheiten). Und ich hätte gern Papa öfter zu Hause damit wir Ball spielen können.«

Tim: »Ich wäre am liebsten nicht mitgekommen. (Lachen) Ich würde gern mit meinen Freunden ins Einkaufszentrum gehen. (Pause) Und ich wünsch mir für Mama und Papa, dass sie sich nicht mehr streiten.«

(Völlige Stille)

Kevin: (Er richtet sich auf und nimmt die Basecap ab, die die Augen bedeckt hat) »Ich will mehr Freiheit. Ich will, dass die Mama aufhört, an mir rumzumeckern, und dass der Papa sich nicht dauernd einmischt. Die Schule ist langweilig. Und alle rauchen Gras. Ich weiß nicht, warum das so eine große Sache sein soll. Und überhaupt! Papa, was hast du denn für ein Recht, mir etwas zu sagen? Du gehst doch jeden Abend mit deinen Kumpels was trinken!«

An diesem Punkt wurde klar, dass das »Problem« nicht nur Kevins Verhalten war. Es gab auch ein Eheproblem und ein Drogenproblem bei einem, wenn nicht mehr Familienmitgliedern.

Ich vereinbarte eine Sitzung nur mit den Eltern und riet ihnen zu einer Paartherapie. Beide waren für diese Idee nicht zu haben. Sie beharrten eisern darauf, nur wegen ihres Sohns Kevin zur Therapie zu kommen. Ich habe dann also ein wenig Familientherapie gemacht und mit ihnen an dem Thema »Erziehung von Kevin« gearbeitet: Grenzen setzen, Konsequenzen formulieren und durchsetzen etc. Die Lage verbesserte sich, und sie kamen nicht mehr.

Ein Jahr später war die Familie Taylor wieder da. Die Eltern berichteten, dass Kevin mit knapper Not den Abschluss geschafft hatte und nun in einem nahe gelegenen Junior College eingeschrieben war, mit einem Freund in einem Apartment wohnte und in Teilzeit arbeitete.

Jetzt war Tim »das Problem«. Er war erwischt worden, wie er öffentliches Eigentum beschmierte, und war nun auf Bewährung frei. Die Taylors waren aber nicht deswegen bei mir, sondern weil Tim zu Hause gewalttätig geworden war. Er hatte mit Gegenständen geworfen und kürzlich mit der Faust die Küchenwand durchschlagen. Ich bat ihn, mir dieses Ereignis in allen Einzelheiten zu schildern. Auf mich wirkte Tim äußerst niedergeschlagen.

Tim fing an: »Wir waren gerade mit dem Essen fertig. Mama war sauer, weil der Papa es wieder einmal nicht geschafft hatte, zum Abendessen zu Hause zu sein. Ich machte so eine Bemerkung, dass er seine Sauferei mehr mochte als uns. Sie wurde wütend und sagte, er wäre sicher mehr zu Hause wenn ich nicht wäre: Ich sei so eine riesige Enttäuschung für ihn. Und dass ich jetzt ›auf Bewährung‹ bin, sei das Schlimmste, was ihm je passiert sei. Ich bin völlig ausgetickt und fing an, sie anzuschreien. Und gerade da stiefelte der Papa zur Tür herein. Er fing an, mich anzubrüllen. Ich wollte *ihm* eine reinhauen – aber ich hab stattdessen die Wand geschlagen und bin da weg.«

Ich sah, dass Billy weinte, während Tim seine Geschichte erzählte. Diesmal war ich nicht bereit, die Eltern ohne Konfrontation davonkommen zu lassen. Ohne dass sie das wollten, waren sie dabei, ihre Söhne, einen nach dem anderen, dazu zu bringen, die Eheprobleme und das Alkoholproblem des Vaters auszubaden.

Ich versuchte, was man in der klassischen Familientherapie »Reframing« nennt: die Neuformulierung oder Umdeutung einer Geschichte. Mit dieser therapeutischen Intervention wird die Wahrnehmung der Familie herausgefordert, indem man ein Symptom oder eine Verhaltensweise anders formuliert und den Kontext verändert, in dem sie in der Familie wahrgenommen werden. In unserem Beispiel: Die Familie präsentiert der Familientherapeutin ein Problem. Kevin »ist« (oder hat) das »Problem«. Die Therapeutin formuliert das Problem neu: Aus »Kevin ist/hat das Problem« wird: »Im Familiensystem gibt es Spannungen und Stress, und Kevin ist das Familienmitglied, das diese Spannungen und den Stress auslebt.« Das Problemkind wird zum Symptomträger.

Kevins Eltern hatten diese Neuformulierung bei ihrem ersten Besuch (mit Kevin als »dem Problem«) nicht akzeptiert. Als sie aber nun mit Tim kamen, waren sie zugänglicher für die Überlegung, dass es nicht nur ein Problem mit Tim gab (wie zuvor mit Kevin), sondern auch ein Eheproblem.

Ich war einverstanden, weiter mit der Familie zu arbeiten, bestand aber darauf, dass die Eltern bei einem meiner Kollegen eine Ehetherapie begannen. Sie stimmten zu.

Ich war überzeugt, dass Billy der nächste Sündenbock werden würde, wenn die Eltern nicht mit aller Kraft therapeutisch an ihren Problemen arbeiten würden. Aber sie strengten sich bei der Therapie an, und Billy wurde nicht als nächster Sündenbock »trianguliert«.

Nach zehn Monaten beendeten die Taylors die Familientherapie. Man kann nur hoffen, dass die Paartherapie erfolgreich war und der Vater sein Alkoholproblem in den Griff bekommen hat. Wenn das nicht gelungen ist, hat Billy vielleicht eine Elternfunktion übernommen, indem er von der Mutter auf ihre Seite gezogen und zu ihrem Vertrauten gemacht wurde. Darin sehen Familien üblicherweise kein Problem und kommen daher nicht zur Therapie.

Ich darf zusammenfassen: Dreiecke sind unvermeidbar. Sie haben möglicherweise nur kurze Zeit Bestand, sind funktional und verursachen dabei kein Leid. Sie können aber auch lange und ohne Änderungen fortbestehen und dann bei einem oder mehr Mitgliedern des Familiensystems Leid verursachen.

Das Auffinden und Analysieren der Dreiecke und ihrer Funktionen ermöglicht uns die Entscheidung, weiterhin ein Teil von ihnen zu bleiben – oder uns daraus zu lösen. Wenn Sie als Vater oder Mutter ein Kind in Ihre Dyade hineinziehen, sollten Sie dringend andere Wege suchen, mit dem Stress oder Schmerz umzugehen, den Sie dadurch zu verringern versuchen.

Familiendreiecke

1. Können Sie in Ihrer Familie irgendwelche Dreiecke finden? Wenn ja: Zeichnen Sie sie auf! Gehören oder gehörten Sie selbst zu einem Dreieck? In welcher Lebensphase war das? Wie ist/war Ihr Gefühl bei dieser Triangulierung?
2. Wenn das nur früher war: Wie sind Sie dem Dreieck entkommen? Wenn es heute noch so ist: Wollen Sie entkommen? Wenn ja: Haben Sie eine Vorstellung, wie das gehen könnte?
3. Wenn Sie selbst nicht trianguliert wurden, das aber bei anderen gesehen haben: Was für ein Gefühl löste das bei Ihnen aus?

4. Wenn Sie ein Elternteil sind, finden Sie heraus, wann Sie und /oder Ihre Partnerperson mit einem Ihrer Kinder eine Triade gebildet haben. (Jeder Elternteil macht das irgendwann.) Wissen Sie, welchen Zweck das jeweils für Sie und / oder die Partnerperson erfüllt hat? Haben Sie oder Ihre Partnerperson das Kind (die Kinder) wieder aus diesem Dreieck »freigelassen«?
5. Welche Dreiecke können Sie in den Familien Ihres Vaters und Ihrer Mutter identifizieren?
6. Kennen Sie Dreiecke, die sich über die Generationen hinweg wiederholt haben?
7. Triangulierung jenseits der Familiengrenze: Können Sie in Ihrer Herkunftsfamilie oder der derzeitigen Familie Dreiecke identifizieren, die Personen oder Dinge außerhalb der Familie einbeziehen? Wenn ja: Welche Ängste der Familienmitglieder sollen oder sollten diese Dreiecke auf welche Art vermindern?

Noch eine Anmerkung: Wenn jemand aus der Familie fremdgeht, kann der Grund für sein (oder ihr) Verhalten weit über den normalen Wunsch hinausgehen, Ängste zu vermindern. Dieses Problem behandle ich aber in diesem Buch nicht – ich empfehle dafür die Werke von Frank Pittman, beispielsweise *Angenommen mein Partner geht fremd.*

Kapitel 6

Soll und Haben der Familie – das Kontobuch

Wer schuldet wem was?

»Alles, was ich bin,
oder was ich hoffe jemals zu werden,
verdanke ich meiner Mutter.«
ABRAHAM LINCOLN

Die frühen Familiensystemtheoretiker Ivan Boszormenyi-Nagy und Geraldine Spark haben darauf hingewiesen, dass Familien ihren Mitgliedern Verpflichtungen, Erwartungen, Schulden, Ansprüche und Verantwortlichkeiten aufbürden.

Ihnen zufolge gibt es in jeder Familie eine Art Kontobuch mit der Beziehungsbilanz der Familienmitglieder. Darin steht, wer wem was schuldet. Dieses Kontobuch ist generationenübergreifend und registriert die geforderte und beobachtete Loyalität sowie die bewussten oder unbewussten Schulden, die auch mit Geld verbunden sein können. Im Kontobuch steht auch, wozu die Familienmitglieder glauben, verpflichtet zu sein, und was von ihnen wechselseitig verlangt wird.

Neben der Bilanz der Loyalität(en) ist das Erbe ein wichtiger Bestandteil des Kontobuchs, also die Frage, was Kinder durch die Geburt in ihre Herkunftsfamilie auf den Weg mitbekommen. Dieses Erbe ist nicht materiell, es bedeutet eher so etwas wie »Schicksal«, also eine vorbestimmte Art und Weise, zu dieser Welt dazuzugehören.

Familienloyalität und -erbe lasten oft schwer auf einem Familienmitglied und fordern von ihm, so zu denken und sich so zu verhalten, wie es die Familie diktiert. Es erfordert von einem Einzelnen Mut, auf seinen eigenen Gedanken und Überzeugungen zu beharren, wenn sie sich von denen der Familie unterscheiden. Mut und Entschlossenheit sind nötig, um auf diese Unterschiede entsprechend zu reagieren.

Loyalität

Familienmitglieder sind auf mächtige und dauerhafte Weise emotional, physisch und sozial mit ihrer Familie verbunden. Manche dieser Bindungen sind unbewusst und unsichtbar. Die Loyalität eines Familienmitglieds gegenüber der Familie beruht nicht nur auf dem, was es weiß, sondern auch auf dem, was es nicht weiß.[1]

Loyalität und Erbe sind generationenübergreifende Aspekte. Das heißt, sie werden von einer Generation an die nächste weitergegeben. Eine der Funktionen von Familienregeln ist, das Ausmaß der Loyalität vorzugeben, das von den Familienmitgliedern gefordert wird. Diese offen ausgesprochenen Regeln können manchmal für Familienmitglieder zum Problem werden. Das Ausmaß

1 Boszormenyi-Nagy/Spark: Unsichtbare Bindungen, 1981.

der Loyalität mag schwanken, aber sie ist von Dauer, auch wenn sie nicht bewusst wahrgenommen wird.

Die Loyalität gegenüber Familienmitgliedern wird von der Kultur beeinflusst, in die die Familie eingebettet ist. Die kulturellen und religiösen Regeln beeinflussen, was eine Familie von ihren Mitgliedern an Loyalität fordert oder zu fordern versucht.

Ein schönes Beispiel, wie derartige Regeln zum Problem werden können, ist das Schicksal eines Mannes, der in eine Mafiafamilie hineingeboren wird, aber deren Gesetzen und Erwartungen, die ihm mit der Geburt auferlegt wurden, entkommen will. Solche Mafiageschichten gehören zu den populären Beispielen für Loyalität und Erbe innerhalb der Familie. Die meisten von uns sind ihnen in allen Einzelheiten in Büchern und Filmen begegnet. Wie wir aus Filmen wie *Der Pate* wissen, können tatsächlich Väter und Söhne, Neffen und Onkel Teil der Organisation sein, aber auch wenn die Mafia als »Familie« bezeichnet wird, besteht sie nicht nur aus biologisch miteinander verwandten Mitgliedern.

Die Mafia fordert von ihren Mitgliedern unbedingte Loyalität. Wenn der Mann aus unserem Beispiel, von dem erwartet wird, sein Erbe anzutreten und treu zum »Geschäft« der Familie zu stehen, beschließt, einen anderen Weg zu gehen, wird er dafür von der »Familie« vermutlich heftig kritisiert, verurteilt und hinausgeworfen, ja vielleicht sogar ermordet. Wenn dieses Porträt eines Mafiosos auch extrem ist, so zeigt es doch die Heftigkeit der Kämpfe, die aus der Macht der Loyalität der Familie und den Erwartungen bezüglich des Erbes entstehen können. Wir alle müssen uns einerseits mit den Erwartungen der Familie und andererseits mit unserem Bedürfnis nach Individualität herumschlagen.

Mir sind die Themen Loyalität und Erbe in der Therapie begegnet, wenn jemand mit der »Tradition« brechen wollte. Zum Beispiel ein Katholik oder Jude, der jemanden heiraten will, der einen anderen Glauben hat oder gar Atheist ist – während das Familiengesetz vorschreibt, dass er *nur* jemanden mit gleichem Glauben und gleicher Tradition heiraten darf.

Im letzten Jahrzehnt hatte ich mehr und mehr Klienten, die mit Beziehungsproblemen zu mir kamen, die aus sozialen und politischen Streitfragen entstanden waren, die derzeit das Land und die Welt beherrschen. Die meisten Beziehungskämpfe finden mit Familienmitgliedern statt, die andere Ansichten haben. Für viele Familien sind solche Kämpfe ein Angriff auf die Loyalität und das Erbe, auf Prinzipien, die über viele Generationen in diesen Familien gegolten haben.

Erbe und Tradition

Wir alle sind in eine Familie hineingeboren worden, die ihren ganz eigenen Satz von Regeln, Werten und Glaubenssätzen hat. Wir alle werden von ihnen beeinflusst. Kinder, die in Familien mit einem hohen Maß an Unabhängigkeit und Autonomie aufwachsen, sind im Allgemeinen eher in der Lage, zu entscheiden, welchen Regeln, Werten und Glaubenssätzen sie weiter folgen wollen und welche sie nicht länger akzeptieren und vertreten. Fördert die Familie die Idee, dass es erlaubt ist, nicht mit allem einverstanden zu sein, ist der Bruch von Beziehungen im Familiensystem weniger wahrscheinlich.

In Familien, die von allen Mitgliedern fordern, den gleichen Regeln zu folgen und die gleichen Werte und Glaubenssätze zu vertreten, kommt es vor, dass Beziehungen beendet werden, wenn sich ein Familienmitglied entschließt, anderen Überzeugungen zu folgen und nach anderen Regeln zu handeln. Die meisten Erfahrungen, die ich damit mache, haben mit Religion, Politik und Vorurteilen bezüglich Ethnizität, sexueller Orientierung und Fragen der Genderidentität zu tun. Es geht mir immer sehr zu Herzen, wenn ich von jemandem höre, dass er wegen seiner Identität oder seiner Wertvorstellungen von seiner Familie abgelehnt wird.

Es ist nicht ungewöhnlich, dass Familientraditionen mit dem Geschlecht zu tun haben. Früher mussten Frauen Lehrerinnen oder Krankenschwestern werden. Jungen wurden Ingenieure. Männer mussten stark sein und durften keine Gefühle zeigen. Frauen durften nicht durchtrainiert sein. Diese Liste kann man unendlich fortführen. Einiges davon mag heute weit lächerlicher erscheinen als in der Mitte des letzten Jahrhunderts. Aber solche geschlechtsbezogenen Traditionen gibt es immer noch.

Erst kürzlich habe ich mit einer 35 Jahre alten alleinstehenden weißen Frau gearbeitet. In ihrer Familie war es Tradition, dass die Töchter heirateten und Kinder bekamen. Die Söhne mussten dagegen nicht heiraten und auch nicht für Nachwuchs sorgen. Von ihnen wurde erwartet, finanziell erfolgreich zu sein. Die Familie war von meiner Klientin enttäuscht und sah in ihr eine Versagerin. Und das, obwohl sie die Chefin einer großen Firma war! Für die Familie war sie nicht erfolgreich, weil sie unverheiratet und kinderlos war.

Selbstmord: ein verheerendes Erbe

Das vielleicht traurigste Familienerbe ist Selbstmord. In einer der vielen Untersuchungen, die in den 1990er Jahren zu immer wieder in Familien vorkommenden Selbstmorden durchgeführt wurden, haben Kenneth Kendler und seine Mitarbeiter in diesen Familien ein signifikant größeres Risiko festgestellt, dass auch andere Familienmitglieder versuchen, sich umzubringen.[2]

Es gibt zahlreiche Hypothesen dazu, warum das Risiko von Selbstmord in einer Familie, in der schon ein Selbstmord verübt wurde, größer ist. Zwar ist die Neigung zu Selbstmord nicht erblich, aber manche psychischen Erkrankungen sind es. Hängt ein Selbstmord in einer Familie mit einer klinischen Depression zusammen, können auch andere Familienmitglieder eine genetische Disposition zu Depression haben. Für jemanden, der an Depressionen leidet, ist es wichtig, Hilfe zu suchen. Wahrscheinlich werden in dem Fall Medikamente verschrieben, verbunden mit einer Gesprächstherapie.

Eine andere Hypothese ist, dass für ein Familienmitglied, das unglücklich ist oder Schwierigkeiten hat, Selbstmord eine »Option« wird, wenn sich schon früher ein Familienmitglied dafür entschieden hat. Es kommt auch vor, dass ein Familienmitglied beschließt, sich umzubringen, um auf verwirrende Gefühle oder den Schmerz wegen des Suizids eines Familienmitglieds zu reagieren.

Es ist nicht ungewöhnlich, dass jemand, der weiterlebt, Schuld darüber empfindet. Jemand kann beschließen, sich umzubringen, weil er glaubt, dass er eigentlich tot sein sollte. Nicht nur Verzweiflung und Hoffnungslosigkeit führen zu Selbstmorden, sondern auch der Wunsch, sich von Schuld- und Schamgefühlen zu befreien.

Für Familien, die einen Selbstmord erlebt haben, ist es wichtig, einander emotional zur Seite zu stehen und Hilfe und Unterstützung zu suchen.

2 Kendler/Davis/Kessler: Familial Aggregation, 1997.

Trauerrituale

Zum Familienerbe gehören auch Rituale. In den meisten Familien gibt es Rituale, die vorgeben, wie ihre Mitglieder trauern, insbesondere wenn jemand von ihnen gestorben ist. Für einige Familien ist das Trauern tief in religiösen Traditionen verwurzelt. Bei jüdischen Familien ist es beispielsweise üblich, die Schiv'a einzuhalten und sieben Tage lang zu Hause zu bleiben. Die Trauernden sitzen nah am Boden. Das »Schiwesitzen« symbolisiert, durch den Schmerz »tief unten« zu sein. In dieser Zeit kommen oft Freunde zu Kondolenzbesuchen und bringen den Trauernden Essen mit. Bei vielen irischen Katholiken halten Familie und Freunde Totenwache – oft im Haus des Verstorbenen. In dieser Zeit wird gegessen und getrunken und man tauscht Erinnerungen an den Toten aus. Anders als bei einer traditionellen Trauerfeier muss kein religiöser Führer anwesend sein. Der Begriff »Wache« bezieht sich auf die alte Tradition, aufzubleiben und die Nacht mit dem Leichnam zu verbringen. Nach alter Tradition findet die Totenwache vor der formellen Trauerfeier statt. In jüngerer Zeit kann sie auch danach stattfinden und ist mehr eine Erinnerungsfeier für den Toten.

Diese Traditionen beschreiben einen Trauerprozess, der von der Familie und der Gemeinschaft geteilt wird. Es gibt aber auch Familien, bei denen nicht gemeinsam um eines ihrer Mitglieder getrauert wird.

Zu meiner Bestürzung gehört meine Familie zu den Letzteren. Ich habe sehr früh lernen müssen, dass es nicht in Ordnung ist, tiefe Trauer zu zeigen, wenn jemand, den man gerngehabt hat, unsere Welt verlässt. Ich war sieben Jahre alt, als ich zum ersten Mal mit dem Tod eines Familienmitglieds konfrontiert wurde:

Mein Großvater starb. Ich erinnere mich, dass ich damals mit meinen Eltern, mit Onkel und Tante, meinem Bruder, meiner Schwester, den Cousins und den Cousinen zusammen war. »Bobba«, die Großmutter, war im Nebenzimmer. Als uns Kindern gesagt wurde, dass der Großvater tot sei, begann ich zu schluchzen. Die Tränen liefen mir übers Gesicht und ich heulte. Mein Cousin, der vier Jahre älter war, fuhr mich an: »Hör auf zu weinen. Du machst sonst Bobba traurig.« Bobba kam gerade herein und ich schluckte sofort meine Tränen herunter und unterdrückte mein Schluchzen. Innerhalb von Minuten fing meine Nase zu bluten an. Sie blutete drei Tage lang und ich war nicht in der Lage, an der Beerdigung teilzunehmen.

Die Botschaft war laut und deutlich: Behalte deine Trauer für dich! Diese Erfahrung war meine erste Lektion darin, wie mächtig die Verbindung der Gefühle mit der physischen Gesundheit ist.

Bobba war Mitte 90, als sie starb. Es gab nur eine kleine Beerdigung.

Für viele ist bei einem Todesfall das Zusammenkommen mit anderen wichtig, um Erinnerungen auszutauschen und sich zu verabschieden. Der Tod ist ein Übergang. Für die meisten Menschen bringt die Befolgung der Rituale, die mit diesem Übergang verbunden sind, Unterstützung und Nähe. Natürlich endet die Trauer um einen geliebten Menschen nicht, wenn die geteilte Erfahrung zu einem Ende gekommen ist. Es hängt von der Beziehung ab, die man mit dem Toten hatte, ob und wie der Trauerprozess weitergeht.

Trauerprozesse

Ich habe meinen Klienten immer erklärt, dass Trauern ein Prozess ist. Elisabeth Kübler-Ross spricht in ihrem Buch *Interviews mit Sterbenden* von fünf Stufen der Trauer. Ihre Beobachtungen beruhen, wie der Titel des Buches sagt, auf Gesprächen mit Sterbenden. Die fünf Stufen, die sie identifiziert hat, sind die folgenden: das Nichtwahrhabenwollen (Hoffnung auf Irrtum), die Wut (Frage nach dem Warum), das Verhandeln (Wunsch nach Aufschub), die Depression (Trauer um vergebene Chancen) und schließlich die Akzeptanz (Rückzug).

Diese fünf Stufen beschreiben häufige Erfahrungen von Menschen, die sterben, und allen, die ihnen dabei nahe sind. Kübler-Ross sieht diese Stufen nicht als einen linearen Prozess, sie folgen auch nicht geordnet aufeinander, die Betroffenen bewegen sich zwischen ihnen vielmehr hin und her.[3]

Unglücklicherweise sind die fünf Stufen für viele zu einem Modell für den »richtigen« Weg geworden, den Trauerprozess zu durchlaufen. Nein! Nein! Nein! Jedes Trauern ist einzigartig. Und alle persönlichen Erfahrungen unterscheiden sich voneinander.

Von Fällen eines plötzlichen und verheerenden Verlustes abgesehen, können wir oft einen Verlust erleiden und trotzdem unser »normales« Leben fortführen, ohne dass es sich, von außen gesehen, groß verändert. Wir können weiter die Aufgaben erfüllen, die wir erfüllen wollen, und die, die erfüllt werden müssen. Wir können also weiter in unserem Job funktionieren und uns darum kümmern, dass die Kinder etwas zu essen bekommen. Seit Anbeginn der Zeit haben Menschen Verluste erfahren. Ich denke, dass

3 Kübler-Ross: Interviews mit Sterbenden, 1971, S. 7.

uns angeboren ist, angesichts von Verlusten, selbst von verheerenden Verlusten, stabil zu bleiben.

Das ist alles ganz richtig, aber ich bin doch immer wieder erstaunt, was Trauer für ein seltsames Wesen ist. Ich weiß von mir, dass ich ganz normal weiter funktionieren kann, nicht über den Verlust nachdenke und mir erlaube, ganz für andere da zu sein. Dann kommt aber – scheinbar aus dem Nichts, vielleicht nach einer Woche, einem Monat, einem Jahr oder gar Jahrzehnt nach dem Todesfall – ein Augenblick, in dem etwas passiert, das meine Trauer auslöst. Und dann überschwemmt sie mich.

Diese Art von Traurigkeit scheint zu den Erfahrungen zu gehören, die man immer macht, wenn man trauert. Traurigkeit ist normal. Die Art und Weise, wie jemand seine Traurigkeit ausdrückt, unterscheidet sich aber gewaltig von Person zu Person. Ich denke oft, dass eine Depression eine »feststeckende Traurigkeit« ist. Tatsächlich frage ich mich als Erstes, wenn jemand zur Therapie kommt und mir sagt, er sei depressiv, was es wohl für eine Trauer ist, die er nicht zulässt.

Es ist normal, dass die Intensität der Trauer im Lauf der Zeit nachlässt. Es kann jedoch sein, dass sie nie völlig verschwindet. Wie schon gesagt, tauchen wir nach der ersten Erfahrung des Verlusts in unsere Trauer ein und wieder daraus auf. Wir gehen wieder unseren normalen Aktivitäten nach. Es kann ein schöner, ganz normaler Tag sein – und plötzlich überfällt uns die Trauer. So beschreibe ich das meinen Klienten: »Es kann zehn Jahre nach dem Verlust eines geliebten Menschen sein. Sie gehen Ihrem normalen Leben nach, und plötzlich, wie aus dem Nichts, überrollt Sie eine Welle von Trauer wie ein Tsunami und zieht Sie in die Tiefe eines intensiven Verlusts hinab.«

Meine geliebte Großmutter Bobba hat beispielsweise immer Karfreitagsbrötchen gebacken. Ich konnte es gar nicht abwarten, in ihre Wohnung zu kommen und das Gebäck zu riechen. Wenn die Brötchen aus dem Backofen kamen, durfte ich auf ihnen die Glasur in Form eines Kreuzes auftragen. Das ist für mich eine ganz besondere Erinnerung. Nachdem ich zum Studium weggezogen war, hatte ich nie wieder die Gelegenheit, die von ihr gebackenen Brötchen zu riechen und zu essen.

Etwa acht Jahre nach Bobbas Tod kam ich an einer Bäckerei in der Nähe meiner Praxis vorbei, die diese Karfreitagsbrötchen anbot. Ich beschloss, ein paar zu kaufen und nach Hause mitzunehmen, sodass meine Söhne dieses frische Backwerk genießen konnten. Ich war damals Anfang 40. Ich ging in die volle Bäckerei, roch sofort die frischen Karfreitagsbrötchen und verlor jede Kontrolle. Ich fing ganz unerwartet zu schluchzen an, war fassungslos und musste wieder gehen und mich ins Auto setzen. Mich hatte ein Trauer-Tsunami überwältigt. Ich vermisste meine Großmutter so sehr. Nach etwa zehn Minuten ließ die Intensität meiner Trauer nach. Auch wenn mir das Ganze peinlich war, riss ich mich zusammen, ging in die Bäckerei zurück und kaufte die Brötchen.

Ich erzähle diese Geschichte von einem Trauer-Tsunami oft meinen Klienten. Zum einen, um klarzustellen, dass es wichtig ist, nach einem großen Verlust wieder mit dem Leben weiterzumachen, aber zum anderen auch, um zu zeigen, dass die Trauer unerwartet wieder geweckt werden kann. Es ist in Ordnung, diese Trauer voll zuzulassen, selbst wenn der Verlust Jahre her ist.

Was hat das alles mit Geld zu tun?

Das Wort Erbe oder Vermächtnis beschwört etwas, das von Generation zu Generation weitergegeben wird. Es hat oft mit dem sozialen Status zu tun – und mit Geld. Das zu erwähnen, kann in einer Familie wie ein Stich ins Wespennest sein. Wenn es darum geht, wer was an Geld und Eigentum aus dem Erbe erhält, oder wenn Ansprüche und Schulden geklärt werden müssen, können Missverständnisse und Ärger entstehen, die die Qualität der Beziehungen beeinträchtigen. Wie mit einem finanziellen Erbe innerhalb der Familie umgegangen wird, kann darüber entscheiden, ob die Familienmitglieder zusammenbleiben oder sich so entzweien, dass die Verbindung nie wiederhergestellt werden kann.

In der erweiterten Familie gehen Geldangelegenheiten über das Erbe hinaus. Wer hilft wem bei finanziellen Engpässen aus? Welchen Einfluss hat das auf die Beziehungen? Wer kümmert sich darum, wenn die Eltern physische und /oder finanzielle Unterstützung brauchen? Und wie ist das mit der Idee von Schuld und individueller Rolle verbunden? Wieder kommen hier Loyalität und Vermächtnis ins Spiel.

Geld wird oft verwendet, um andere zu manipulieren, zu kontrollieren, zu belohnen und zu bestrafen. Ein erwachsen gewordenes Kind hat vielleicht das Gefühl, ein Anrecht auf finanzielle Unterstützung von den Eltern zu haben. Vielleicht ist es aber auch dankbar dafür – oder fühlt sich wie in einer Falle gefangen, dadurch dass es mit den Eltern auf eine Weise umgehen muss, die nicht im Einklang mit seinem wahren Selbst steht. Das erwachsene Kind kann verlegen oder beschämt sein, wenn die Eltern es finanziell unterstützen. Eltern, Großeltern, Geschwister oder andere Verwandte können es ihm übel nehmen, wenn es finanzielle Hilfe benötigt.

Wie Paare und Familien mit dem Thema »Geld« umgehen, kann sehr kompliziert sein. Als ich anfing, als Familientherapeutin zu arbeiten, habe ich etwas gehört, an das ich mich immer erinnert habe und das für mich richtig klingt: Die fünf großen Streitthemen, die Paare in der Therapie ansprechen, sind Sex, Hausarbeit, gemeinsam verbrachte Zeit, Stiefeltern – und *Geld*.

Wie schon erwähnt, ist es bei all diesen Problemen von Paaren oder Familien wichtig, allen *zuzuhören*, wirklich zuzuhören. Wenn es um das Bewältigen der Konflikte geht, muss man zu verstehen versuchen, was die Beteiligten denken und fühlen und inwieweit sie *kooperieren* wollen.

Was steckt in einem Namen?

Vor Jahren habe ich einmal einen amerikanischen Ureinwohner gehört, der beschrieb, wie sich seine Vorfahren Fremden vorstellten. Sie sagten: »Meine Großeltern mütterlicherseits heißen Soundso, die väterlicherseits Soundso.« Das hat mich fasziniert. Um sich selbst zu identifizieren, mussten sie die Namen ihrer Vorfahren nennen und diese würdigen.

In den USA haben viele Vorfahren, die eingewandert sind. Ihnen ist oft ein anderer Familienname zugewiesen worden als der, den sie in ihrer »alten« Heimat hatten, oder sie haben sich selbst einen gewählt. Ich habe mich immer sehr für diese Geschichten interessiert. Wenn ich mit einem Klienten arbeite, bei dem eine Namensänderung eine Rolle spielt, will ich, dass er darüber nachdenkt, was sie für ihn bedeutet. Weckt sie irgendwelche Gefühle?

Bei einem ganz ähnlichen Thema hat die Frauenbewegung meiner Generation erlaubt, bei einer Heirat den »Mädchennamen« behalten zu dürfen, statt den Namen des Ehemanns annehmen zu müssen. Wenn bei einem Paar in der Therapie die Frau ihren Mädchennamen statt den Namen des Ehemanns benutzen will, versuche ich, herauszufinden, welche Gedanken und Gefühle beide mit dieser Entscheidung verbinden. Das soll ihnen helfen, potenzielle Gefühle aufzuarbeiten, die sie daran hindern könnten, eine sichere Bindung einzugehen. Auch Paare gleichen Geschlechts, die eine Ehe eingehen, können mit dieser Frage ein Problem haben. Viele Paare wählen bei der Heirat einen Doppelnamen und schaffen damit für beide einen neuen Nachnamen.[4]

Wenn man herausfindet, warum in einer Familie ein Kind einen bestimmten Vornamen erhält, sagt das oft viel über Erbe, Vermächtnis und Traditionen aus. Einigen Kindern wird von den Eltern ein bestimmter Vorname gegeben, weil sie ihn besonders lieben. Der Vorname ist dann mit keiner besonderen Erwartung verbunden. Anderen Kindern werden Vornamen gemäß der Familientradition gegeben, so könnte beispielsweise immer der älteste Sohn, der Erstgeborene, den Vornamen des Vaters oder Großvaters erhalten. Ein solcher Name kann für das Kind mit Erwartungen verbunden sein – muss es aber nicht.

4 In Deutschland kann bei der Eheschließung einer der beiden Familiennamen als Ehename gewählt werden. Den nicht gewählten Familiennamen kann sein Träger beziehungsweise seine Trägerin dem Ehenamen anhängen (Doppelname). Es kann auch auf einen Ehenamen verzichtet werden, beide Partner behalten dann ihren alten Familiennamen. (Anm. d. Ü.)

Ein Fall, bei dem der Vorname eine große Bedeutung hatte: Eine Familie kam zur Therapie, die aus Vater, Mutter, Tochter (6) und Sohn (3) bestand. Das aktuelle Problem war, dass sich die Tochter Diana selbst verletzte, indem sie sich in den Arm biss und immer wieder Haare ausriss. Ihr Kinderarzt hatte eine Familientherapie empfohlen.

Ich traf mich zur ersten Sitzung mit der ganzen Familie. Aufgrund des Alters der Kinder beschloss ich aber, mich danach nur noch mit den Eltern zu treffen, um die Einzelheiten der Familiengeschichte herauszufinden. Dabei erfuhr ich, dass die Eltern geheiratet hatten, als sie beide 18 waren. Diana wurde erst nach 15 Jahren Ehe geboren. Ich fragte, warum sie so lange mit einem Kind gewartet hatten. Die Mutter reagierte, indem sie den Blick senkte und Augenkontakt vermied. Der Vater ließ mich wissen, dass schon kurz nach der Hochzeit ein Mädchen geboren wurde, das aber bei einem Autounfall ums Leben kam, als es im Alter von sechs Jahren bei einem Nachbarn mitfuhr. Sie hieß Diana.

Die Diana, die in meiner Praxis saß, war das Kind, das die erste Diana »ersetzt« hatte.

Ich vermutete mindestens zwei gewichtige Gründe, aus denen das kleine Mädchen sich selbst verletzte. Meine erste Hypothese war, dass die »neue« Diana sich unbewusst fragte, ob sie es wert war, am Leben zu sein. Irgendwo tief in ihrem Inneren und jenseits der bewussten Wahrnehmung fragte sie sich, ob ihre Eltern an ihrer Stelle lieber die erste Diana gehabt hätten.

Die zweite Hypothese war, dass ihre Mutter zunehmend Ängste entwickelte, ihr kleines Mädchen, das nun im gleichen Alter wie die erste Diana war, könnte ihr genommen werden. Ich glaube aufgrund meiner Erfahrungen fest daran, dass Kinder oft

Ängste ausdrücken, die eigentlich von den Eltern stammen. (Ja, Kinder ahnen solche Dinge!)

So verfolgte ich bei unserer Arbeit eine zweigleisige Strategie. Ich entschied, die Mutter allein und auch zusammen mit ihrem Mann zu sehen. Ich arbeitete mit der Mutter an ihren Ängsten, indem ich sie in ihrer Trauerarbeit und der Heilung ihres Traumas aufgrund des Verlustes des ersten Kindes unterstützte. Mit dem Paar arbeitete ich an der Heilung der verbliebenen Wunde, an der Paare leiden, wenn sie ein Kind verlieren – wobei dieses Paar damit schon viel weiter war als die meisten. Ich half den Eltern dabei, sich bewusst zu werden, warum und wie sie bei ihrer Tochter ein positives Selbstwertgefühl sichern und fördern mussten. Die Symptome der Tochter verschwanden ziemlich schnell, nachdem ich die Arbeit mit der Mutter und dem Paar begonnen hatte.

Ich bin immer wieder erstaunt, wie oft Kinder unbewusst Symptome entwickeln, um ihre Eltern zur Therapie zu bringen!

Ein Vorname kann zum Segen oder zum Fluch werden. Er kann Stolz wecken, eine Verbindung herstellen und Unbeschwertheit oder ein Zugehörigkeitsgefühl vermitteln. Mein Vorname ist Elaine. Mein Vater hatte keine Geschwister außer einer jüngeren Schwester, die Helen hieß. Tante Helen wollte von meinen Eltern, dass sie mich Helen tauften. Mein Vater war von dieser Idee nicht begeistert. Meine Mutter wollte sich gegenüber dem Vater loyal verhalten und seinem Wunsch folgen, aber sie wollte auch meiner Tante eine Freude machen, der einzigen »Schwester«, die sie hatte. Meine Tante und meine Mutter schlossen dann einen Kompromiss: Ich wurde Elaine genannt, das ist die französische Form von Helen.

Ich hatte meine Tante sehr lieb. Sie spielte eine große Rolle in meinem Leben. Ich habe auch meinen Namen immer gemocht. In der kleinen Stadt, in der ich aufwuchs, war ich die einzige Elaine. (Elaine ist auch der Name der Liebhaberin von Lancelot und Mutter von Galahad. Als Teenager war ich von der Artus-Legende fasziniert. Daher liebte ich meinen Namen noch mehr.)

Ich war aber auch das einzige Mädchen in der Schule, das keinen zweiten Vornamen hatte, und war deshalb eifersüchtig auf die anderen. Als ich meine Mutter fragte, warum ich nur einen Vornamen hatte, gestand sie, dass sie ihre beiden Vornamen hasste, und zwar so sehr, dass sie weder mir noch meiner Schwester einen zweiten Vornamen gab. Uns wurde gesagt, dass wir uns, wenn wir unsere Vornamen nicht wollten, einen beliebigen anderen aussuchen könnten, der dann ganz offiziell der zweite Vorname werden würde. Wir hätten ihn statt der Taufnamen als Rufnamen wählen können, aber meine Schwester Christine und ich liebten unsere Vornamen und wir wollten beide keinen anderen Rufnamen.

Zu wissen, auf welche Weise jemand zu seinem Vornamen gekommen ist, kann ein Licht darauf werfen, wie er mit seiner Familie verbunden ist und was er über seine Rolle in der Welt denkt.

Unbewusste Loyalität

So problematisch wie die offen ausgesprochenen Familienregeln, die Loyalität verlangen, können auch *unbewusste* oder *unsichtbare Loyalitäten* sein. Ivan Boszormenyi-Nagy und Geraldine Spark stellen fest, dass diese oft den verheerendsten Schaden in der Familie anrichten.[5] Einem Familienmitglied können Loyalitätserwartungen schaden, die ihm in einem Prozess zugewiesen wurden, der gewöhnlich nicht bewusst ist. Die Forderung nach Loyalität taucht außerhalb seiner Wahrnehmung auf und ist oft destruktiv für seine Gesundheit und sein Wohlbefinden. Die unbewussten Loyalitäten sind generationenübergreifend und beeinflussen auch das Verhalten in der Gegenwart.

Eine Mutter kam mit ihrem 15-jährigen Sohn Ben in die Therapie, da sie zutiefst besorgt war, weil er angefangen hatte, Alkohol zu trinken. Sie bat um einen Termin, nachdem sie ihn eines Nachts gefunden hatte, wie er sich nach einem Ausflug mit Freunden übergab. Er hatte ihr gesagt, er trinke in der Regel nur »ein wenig«, habe aber in dieser Nacht nicht aufhören können.

Wie üblich bat ich die Mutter, zur ersten Sitzung ihren Sohn mitzubringen. Hätten im Haushalt weitere Personen gelebt, hätte ich auch diese gebeten mitzukommen, aber sie lebte allein mit dem Sohn.

Ben sagte, er habe selbst Bedenken wegen seiner Trinkerei. Seine Mutter sei wütend gewesen, nachdem sie zum ersten Mal herausgefunden habe, dass er trinke. Er selbst war aber erst seit der Nacht besorgt, als er betrunken nach Hause gekommen war und sich so schlecht gefühlt hatte.

Bei meinem Versuch, die Familiengeschichte herauszufinden, fragte ich Ben, welche Erinnerungen er an das Zusammenleben mit dem Vater habe. Ben berichtete, dass sich seine Eltern scheiden ließen, als er sieben war. Wie immer bei Scheidungen fragte ich ihn, was er meine, warum sich die Eltern scheiden ließen. Er glaubte, der

5 Boszormenyi-Nagy/Spark: Unsichtbare Bindungen, 1981.

Grund sei gewesen, dass der Vater ein schwerer Alkoholiker war. Nach der Scheidung habe ihn sein Vater noch regelmäßig besucht, aber seit drei Jahren habe er nichts mehr von ihm gehört. Er habe jetzt keinen Kontakt mehr. Gelegentlich erzählte seine Tante ihm etwas, die Schwester des Vaters, die aber weit entfernt wohnte. Beim letzten Telefongespräch mit der Tante erfuhr Ben, dass sein Großvater, der Vater seines Vaters, gestorben war. Seine Tante berichtete Ben auch vom Alkoholismus des Großvaters. Ben hatte mitbekommen, dass der Großvater und der Vater zerstritten waren, er hatte aber nichts vom Alkoholismus des Großvaters gewusst. Er hatte ihn nur einmal getroffen und konnte sich nicht an ihn erinnern.

Ich fragte, ob er auch irgendwelche »guten« Erinnerungen an seinen Vater habe. Er erzählte dann aus der Zeit, als er vier oder fünf Jahre alt gewesen war. Er hatte einige »gute« Erinnerungen, die er sich offensichtlich gern wieder ins Gedächtnis rief und mir erzählte. Dann sagte er etwas, was ich als Schlüssel für sein gegenwärtiges »Problem« erkannte, seinen Alkoholmissbrauch. Es waren liebevolle Erinnerungen an den Vater und eine Zeit, in der er sich in der Dreierfamilie glücklich gefühlt hatte: »Alle sagten mir, ich sei ›ganz der Vater‹. Mein Vater war kontaktfreudig und humorvoll, eine Stimmungskanone.«

Wir saßen alle eine Minute ganz still da. Dann hakte ich nach: »Ben, ich frage mich, ob du nicht einen anderen Weg findest, dich mit dem Vater, den du in dir trägst, verbunden zu fühlen und ihn zu ehren – einen anderen Weg, als dich zu betrinken?« Und er begriff es!

Bei der weiteren Arbeit mit beiden und nach einigen Sitzungen nur mit ihm gelang es Ben, sich von dem Erbe, »ganz der Vater« zu sein, zu befreien. Er konnte die Eigenschaften ehren, die er an seinem Vater und sich selbst liebte. Er war in der Lage, den Verlust eines Vaters zu betrauern, der ihn geliebt und immer unterstützt hatte. So etwas hatte Ben zuvor nie getan, weil er Angst gehabt hatte, es wäre ein Verrat an seiner Mutter, den Verlust des Vaters zu betrauern. Die Mutter konnte ihm versichern, dass das nicht so sei, und gab ihm auf diese Weise die Erlaubnis, die er brauchte, um offen trauern zu können.

Wir untersuchten dann auch das generationenübergreifende Muster bezüglich Alkoholismus und Beziehungsabbruch. Ich half Ben, zu verstehen, dass Alkoholismus dazu tendiert, ein Problem in mehreren Generationen zu sein. In seinem Fall waren sowohl der Vater als auch dessen Vater Alkoholiker, was zeigte, dass er eine Vorbelastung zu Alkoholmissbrauch haben könnte. Bens Vater hatte den Kontakt zu seinem Vater abgebrochen, und auch Ben sprach inzwischen nicht mehr mit seinem Vater und hatte keine Beziehung zu ihm.

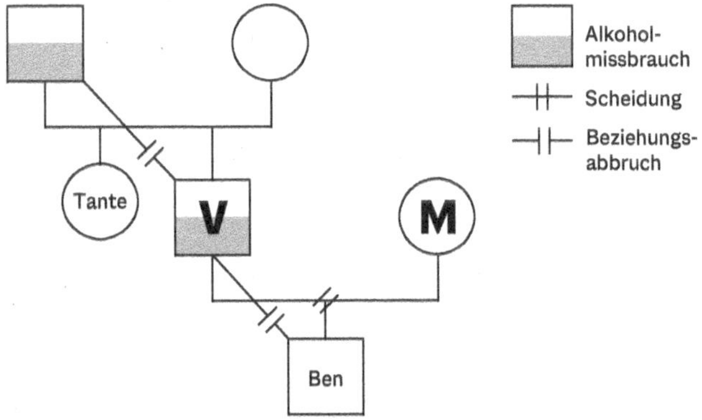

Abb. 6.1: Genogramm, das den generationenübergreifenden Alkoholismus und die Muster des Beziehungsabbruchs zeigt

Generationenübergreifende Muster wahrzunehmen, kann einem Betroffenen helfen, besser zu verstehen, warum er so ist, wie er ist, und warum er so handelt, wie er es tut. Ich habe keinen Zweifel, dass ein Kind wie Ben, das mit den Eltern in der Endphase ihrer Ehe und während der Scheidung zusammenlebte, das spürte, was Boszormenyi-Nagy und Spark als »gespaltene Loyalität« bezeichnen. Sie glauben, dass dies eine der problematischsten Formen von Loyalität ist. Einer oder beide der Ehepartner versuchen, das Kind auf die eigene Seite zu ziehen. Diese Dynamik verursacht bei dem Kind fast immer psychisches Leid.

Ich habe oft gesehen, wie Kinder auf diesen Loyalitätskonflikt mit schwerem emotionalem und psychischem Leid reagierten. Das kann sich in geringem Selbstwertgefühl äußern, das Kind kann sich zurückziehen und depressiv werden, es können sich Fehlverhalten und sogar Selbstmordgedanken entwickeln. Eltern kann man nur davor warnen, ihre Kinder in eine solche Lage zu bringen. Kinder bringen sich auch so schon oft in diese Lage: Da müssen nicht auch noch die Eltern das verstärken, was sie sich selbst antun.

Leider sind Eltern nicht die Einzigen, die eine solche »gespaltene Loyalität« fordern. Auch eine Großmutter kann beispielsweise ein Enkelkind im Konflikt mit den Eltern oder dem Großvater auf ihre Seite ziehen. In jedem der genannten Szenarien wird ein Kind von einem erwachsenen Familienmitglied trianguliert.

Das Kontobuch der Familie

Ich habe schon erwähnt, dass es neben der Familienloyalität und dem Familienerbe für jedes Familienmitglied auch ein Kontobuch gibt, in dem alle Ansprüche und Schulden aufgeführt sind.

Boszormenyi-Nagy und Spark beschreiben, wie unausgeglichen der Kontostand im Leben eines Kindes ist. Es fängt damit an, dass das Kleinkind einen Anspruch an die Eltern hat, versorgt zu werden. Normalerweise rechnen die Eltern diese Sorge dem Kind nicht als Schuld an. Wird das Kind älter, entstehen neue Ansprüche und Schulden. Wird von einem Kind mehr an Verantwortung verlangt, als es aufgrund seiner Entwicklung leisten kann, verursacht das bei dem Kind emotionales und psychologisches Leid.

Ich habe in meiner Praxis sehr viele gesehen, die sich mit dem Ausgleich ihres Kontostands auseinandersetzten. Bei erwachsenen Klienten drückt sich das in der Forderung »Ich will, was mir zusteht« aus. Oder umgekehrt in dem Gefühl, sich um Eltern und Großeltern kümmern zu müssen. Das ist nicht notwendigerweise destruktiv, sondern in der Tat ein Weg, das Konto auszugleichen. Es kann aber destruktiv werden, wenn sich jemand bis zur Selbstzerstörung aufopfert oder wenn ein Elternteil die Zurückzahlung dessen einfordert, was er dem Kind gegeben hat, ohne darauf Rücksicht zu nehmen, was für Auswirkungen das auf das nun erwachsene Kind hat. Der Satz »Ich hab für dich gesorgt, jetzt sorg du für mich« kann der Versuch eines Elternteils sein, sein erwachsenes Kind davon abzuhalten, sein eigenes Leben zu führen. Ich habe viele Klienten gehabt, die ihr eigenes Leben »auf Eis« gelegt hatten, während sie sich um Familienmitglieder kümmerten.

Oft ist es nötig, sich um Familienmitglieder zu kümmern. Opfer zu bringen, ist ein wesentlicher Teil von Beziehungen. Aber bewusst Opfer zu bringen, ist nicht das Gleiche, wie sich aufzuopfern, also seine eigenen Wünsche und Bedürfnisse zu verleugnen. Sich aufzuopfern, ist destruktiv – sich selbst gegenüber und gegenüber der

Beziehung. Ein Märtyrer zu sein, bringt keinen Segen. Aber es gibt Menschen, die von dieser Rolle angezogen werden.

Eltern projizieren oft eine Schuld ihrer Herkunftsfamilie oder ihres Partners auf ein Kind. Eine alleinerziehende Mutter, deren Vater sie als kleines Mädchen verlassen hat, projiziert beispielsweise die Schuld des Vaters auf ihren Sohn. Sie will nicht, dass ihr Sohn sein Zuhause verlässt. Macht er es doch, folgt sie ihm vielleicht von Ort zu Ort.

Ein Vater, der sich als Kind um seine jüngere Schwester kümmern musste, projiziert auf seine Tochter vielleicht die Schuld dieser Schwester und die seiner Mutter, da sie ihn genötigt haben, auf die Schwester aufzupassen. Er wird dann erwarten, dass seine Tochter sich um ihn kümmert.

Das Thema »Kontobuch« und das Gezänk, wer wem was schuldet, gibt es auch zwischen Geschwistern, bei Ehepaaren und in Partnerschaften. Für einen Ehepartner ist es nicht ungewöhnlich, zu versuchen, vom anderen Ehepartner Schulden einzutreiben, die eigentlich der eigenen Herkunftsfamilie entstammen. Das weckt unrealistische Erwartungen und erzeugt Ärger – was eine intime Bindung zerstören kann.

Ich habe oft mit Paaren in der Therapie gesessen, bei denen die Partner wieder und wieder aufzählten, was sie jeweils voneinander bekommen – und nicht bekommen – haben. In solchen Situationen ist es offensichtlich, wenn jemand ein Kontobuch führt. Der eine Teil eines Paares führt oft ein Kontobuch des »Fehlverhaltens« des anderen Teils. Immer wenn sie dann mit ihrem Partner zu streiten beginnen, holen sie – wörtlich oder metaphorisch – dieses Buch heraus. Sie haben es eingetütet und immer zur Hand wie Schulkinder ihr Pausenbrot.

Die Themen »Loyalität, Erbe und Kontobuch« sind oft die Grundlage von Eheproblemen. Übergänge in der Entwicklung der Familie verlangen, sich der Loyalität gegenüber der Herkunftsfamilie bewusst zu werden und sich mit ihr zu beschäftigen. Eine Eheschließung ist unter diesen Übergängen der herausforderndste. (Erwachsene) Kinder empfinden eine oft undefinierte Loyalität gegenüber ihren Eltern und Vorfahren.

Es ist sicher nicht ungewöhnlich, sich einen Ehepartner aufgrund seiner Familie auszusuchen. Wir haben in Filmen und im realen Leben alle schon solche Sätze gehört: »Sie heiratet in eine gute Familie hinein.« Oder: »Seine Heirat ist ein gesellschaftlicher Aufstieg.«

Es gibt auch Klienten, die mehr an der Familie des Partners hängen als am Partner selbst und dieser gegenüber dann auch loyaler sind. Das wird oft besonders deutlich, wenn es an die Scheidung geht. Ich habe Klienten erlebt, die beim Gedanken in Tränen ausbrachen, die Familie des Partners verlieren zu müssen, aber zufrieden damit waren, den Partner loszuwerden.

Dreiecke mit der Schwiegerfamilie

Ich glaube, dass Familiendreiecke mit der Schwiegerfamilie auf Probleme mit Nähe und Intimität zurückgehen, aber auch auf Probleme der Loyalität. Ihr Platz ist daher hier und nicht in Kapitel 5, wo ich Familiendreiecke ausführlich diskutiere.

Bei einer Eheschließung wird oft erwartet, dass die Ehepartner füreinander zur wichtigsten Bezugsperson werden, eine Rolle, die zuvor meist die Eltern eingenommen haben. Das kann für alle, die einen tiefen Sinn für Loyalität gegenüber ihren Eltern oder ihrer Herkunftsfamilie bewahren, eine äußerst komplizierte Verschiebung sein. Gelingt der Übergang, bleibt die Verbindung zu den eigenen Eltern wichtig, ist aber nicht mehr die wichtigste Beziehung.

Bei der Lektüre des Buches *The Evaluation and Treatment of Marital Conflict* von Philip Guerin und Mitarbeitern hat mich besonders die Identifizierung und Benennung dreier häufiger Dreiecke mit der Schwiegerfamilie interessiert. Es sind die folgenden:

Das Dreieck mit dem idealisierten Vater

Dieses Dreieck finden wir vor, wenn die Ehefrau ihrem Vater mehr Loyalität und Respekt erweist als ihrem Mann, der sich mit diesem idealisierten Vater nicht messen kann. Die Frau holt sich Rat und Anleitung von ihrem Vater. Der Vater wiederum freut sich, dass er für seine Tochter weiterhin so wichtig ist, und unterstützt ihre Abhängigkeit von ihm. Er kann sogar ganz offen ihre Loyalität einfordern und ihr die Liebe und Unterstützung entziehen, wenn sie ihm nicht die gewünschte Loyalität zeigt.

Das Dreieck kann aus der <u>Ehefrau, ihrem Vater</u> und dem Ehemann bestehen, aber auch aus <u>dem Ehemann, seinem Vater</u> und der Ehefrau.[6]

Im letzteren Fall sind der Ehemann und sein Vater vielleicht aus demselben Holz geschnitzt. Der Ehemann findet bei seinem Vater Kameradschaft und Unterstützung. Die Ehefrau ist in diesem Fall die Außenseiterin. Arbeitet der Ehemann im Familienbetrieb,

6 Hier und im Folgenden ist jeweils die durch Triangulierung entstandene enge Bindung unterstrichen. (Anm. d. Ü.)

kann sein Vater auch sein Chef sein, was seine Bedeutung gegenüber der Ehefrau noch erhöht.

Das Dreieck mit der Mutter als bester Freundin

Hier spielt die gleiche Dynamik zwischen den Eheleuten eine Rolle wie im gerade genannten Dreieck, nur dass jetzt die Mutter die Rolle der Dritten im Dreieck übernimmt. Dieses Dreieck scheint häufiger zwischen Müttern und Töchtern (Ehefrau/ihre Mutter/Ehemann) als zwischen Müttern und Söhnen (Ehemann/seine Mutter/Ehefrau) vorzukommen, ich hatte aber schon beide Fälle. Bei dieser Konstellation zeigen sich sowohl Söhne wie Töchter eher bei der Mutter als bei den jeweiligen Partnern von ihrer verletzlichsten und schwachen Seite.

Das Dreieck mit Schwiegervater oder Schwiegermutter

Im Dreieck Ehemann/Schwiegervater/Ehefrau überlässt die Ehefrau ihren Vater dem Ehemann oder ihren Ehemann dem Vater. Der Vater wollte doch schon immer einen Sohn oder der Ehemann ist ohne Vater aufgewachsen und ist daher auf der Suche nach einer Vaterfigur. Gilt die Loyalität der Ehefrau ihrem Vater und will sie ihm nahe sein, kann diese Strategie ins Auge gehen, weil ihr Vater vielleicht lieber mit dem Ehemann Zeit verbringt als mit ihr. Es kann aber auch sein, dass sie hofft, sich damit Raum zum Atmen im Verhältnis zum Vater und / oder dem Ehemann zu verschaffen.

Ein Dreieck entwickelt sich auch, wenn der Ehemann seiner Ehefrau seine Mutter überlässt. Das scheint häufiger vorzukommen, als dass die Ehefrau dem Ehemann ihre Mutter überlässt. Das Dreieck Ehefrau/Schwiegermutter/Ehemann erlaubt dem Ehemann, sich von *seiner* Mutter abzunabeln und trotzdem loyal zu ihr zu bleiben. Bei einem solchen Dreieck ist es nicht ungewöhnlich, wenn die Ehefrau viel Zeit mit ihrer Schwiegermutter verbringt, sie gemeinsam die Kinder erziehen, sich um andere Familienmitglieder kümmern – und zusammen den Ehemann »bemuttern«.

Die Schwiegereltern sind nicht die Einzigen, die in Dreiecken mit der Schwiegerfamilie eine Rolle spielen. Auch Geschwister können in eine Paarbeziehung als Dritte einbezogen werden. Ich erinnere an den Song »Schwestern, Schwestern« aus dem Filmmusical *Weiße Weihnachten*, den Irving Berlin komponiert hat. Zwei Schwestern besingen ihre Beziehung, die so eng ist, dass sie ihre künftigen Verehrer warnen: Kein Mann soll versuchen, sie zu trennen! Es stimmt, dass Brüder und Schwestern manchmal ein geschwisterliches Band vereint, das Vorrang vor einer ehelichen Verbindung hat. Zum Glück gibt's in dem Song noch eine Zeile, in der die Schwestern einander warnen, sich bloß nicht zwischen sich und den Mann zu stellen, für den sie sich gerade interessieren: »Gott helfe der Schwester, die zwischen mich und meinen Mann gerät.«

Bei Dreiecken mit der Schwiegerfamilie geht es um den Grad der Bindung und darum, wer den größten Einfluss hat. Hat ein Ehepartner eine über die Maßen enge Beziehung mit einem Mitglied seiner Herkunftsfamilie, wird der andere Partner sich wahrscheinlich als Außenseiter fühlen. Wenn dann das Paar einen Konflikt oder Eheprobleme hat, können es solche von Loyalität geprägten Dreiecke für das Paar noch schwieriger machen, wieder in der eigentlichen Beziehung zusammenzufinden. Das kann die

Beziehung weiter strapazieren. Es kommt oft vor, dass eine Lösung der Probleme schwieriger wird, wenn Familienmitglieder in einen Konflikt zwischen den Eheleuten geraten.

Cheryl und David kamen zur Ehetherapie. Sie waren zehn Jahre verheiratet und hatten ein Kind, eine sieben Jahre alte Tochter. Cheryl hatte den Termin vereinbart, weil sich die beiden die ganze Zeit stritten, seit er einen Monat zuvor seinen Job verloren hatte. Sie ärgerte sich, weil er den ganzen Tag auf der Couch saß, statt sich nach einem neuen Job umzusehen.

Es war für mich sofort klar, dass David schwer depressiv war. Als er von seinen Fähigkeiten und seinem beruflichen Werdegang erzählte, hatte ich den Eindruck, dass es ihm leichtfallen müsste, wieder einen Job zu bekommen, wenn er nicht so depressiv wäre. Als ich bei der zweiten Sitzung versuchte, Davids Depression anzusprechen, regte sich Cheryl auf und meinte, die Depression sei nur eine Ausrede, das eigentliche Problem sei seine Faulheit.

Wie immer bat ich die beiden, ihre jeweiligen Familiengeschichten zu erzählen. Cheryl berichtete, dass sie und ihre Mutter ein sehr enges Verhältnis hatten. Sie telefonierten jeden Tag miteinander. Sie erzählte ihrer Mutter all die kleinen Dinge, die David tat (oder auch nicht tat) und die Cheryl enttäuschten, verletzten oder verärgerten. Cheryl hatte immer eine Anklageschrift gegen David auf Lager und ihre Mutter stimmte in den Chor ein: »Ist er nicht furchtbar!«[7]

Bis vor Kurzem, als David seinen Job verlor, waren die meisten Klagen, die Cheryl mit ihrer Mutter teilte, kaum der Rede wert: Er hatte vergessen, den Müll rauszubringen. Er hatte ihr

7 Mutter und Tochter spielen auf »Oh Charlie, ain't he awful cute« aus dem sehr populären Gedicht »The Compliment« von Eugene Field an. (Anm. d. Ü.)

keine Blumen zum Hochzeitstag geschenkt. Er hatte spät arbeiten müssen und den Elternsprechtag in der Schule verpasst. Im Verlauf ihrer Ehe hatte Cheryl sich angewöhnt, all ihre Beschwerden über ihren Mann gegenüber ihrer Mutter zu äußern. Als dann David seinen Job verlor und die wirklich große Krise begann, bedrängten ihn beide, Cheryl und ihre Mutter, und gaben ihm das Gefühl, dass er nicht »gut genug« gewesen sei. Statt von seiner Frau unterstützt und ermutigt zu werden, fühlte er sich von ihr und ihrer Mutter gedemütigt und kleingemacht. Als Reaktion zog er sich zurück, was zu einer Depression führte, die ihn lethargisch machte und ihm jede Motivation nahm, sich einen Job zu suchen.

Das ist leider ein gar nicht so seltenes Szenario. Die Loyalität und Nähe eines Ehepartners zu seiner Herkunftsfamilie kann für die Beziehung zum anderen Ehepartner schädlich sein.

Es stimmt auch, dass die Loyalität und die Erblast gegenüber der Familie ein Familienmitglied daran hindern können, ganz und gar das zu sein, was es sein könnte.

Niemand von uns verabschiedet sich aus der Kindheit, ohne Loyalitäten und eine Erblast mitzunehmen, die er von seiner Familie übernommen hat. Wir haben alle ein Kontobuch mit Ansprüchen und Schulden. Je ausgeglichener dieses Kontobuch ist, umso freier können wir unser Leben leben und enge Beziehungen zu anderen knüpfen.

Um das Kontobuch auszugleichen, kann es nötig sein, Schulden zu erlassen. Und zwar nicht nur die Schulden, die jemand bei Ihnen hat, sondern auch die Schulden, die Sie bei jemandem haben. Der Akt des Erlassens setzt die emotionale Energie frei, die man in eine Person oder Situation investiert hat. Das ist ein Geschenk, das Sie sich selbst machen.

Die Schulden zu erlassen, heißt aber *nicht*, sie zu vergessen. Es heißt nicht, sich selbst oder den anderen aus jeder Verantwortung zu entlassen. Es heißt nicht, jemanden emotional davonkommen zu lassen.

Die Frage, die man sich auch stellen muss, ist: »Was kostet es, diese Schulden zu erlassen?« Sind die Kosten zu groß, erlassen Sie die Schulden nicht! Meistens kostet es aber mehr, an den Schulden festzuhalten, als sie zu erlassen, besonders wenn es emotionale Energie fordert.

Die Loyalitäten und die Erblast in der Herkunftsfamilie zu identifizieren, kann dabei helfen, Verbindungen zur Familie zu kappen, die psychologische Freiheit und Wachstum behindern. Es kann auch dabei helfen, das Selbstwertgefühl zu fördern, indem man ein Erbe einfordert, statt nur passiver Empfänger zu sein.

Ein Beispiel: Eine Tochter übernimmt die Immobilienfirma der Mutter, weil das die Loyalität und die Tradition von ihr fordern. Wenn die Tochter das aus einer passiven Position heraus tut, also nur so handelt, wie man es von ihr erwartet, sie aber das Gefühl hat, keine Wahl zu haben, wird sie weit unzufriedener sein, als wenn sie erkennt, dass sie sich entscheiden kann, diesen Weg zu gehen oder eben nicht. Wenn sie sich selbst entschließt, es zu tun, verlässt sie die Position der passiven Akzeptanz zugunsten einer Position der Macht und der Stärke.

Nehmen Sie Ihre Wahlmöglichkeiten in Anspruch! Gestalten Sie Ihr eigenes Leben!

Wer schuldet wem was?

Familienloyalität

1. Können Sie Loyalitätsbindungen in Ihrer Familie identifizieren? Welche betreffen auch Sie? Fühlen sich diese Loyalitätsbindungen für Sie destruktiv oder produktiv an?
2. Haben Sie selbst schon mal gespaltene Loyalität verspürt oder es bei anderen mitbekommen? Wenn ja: Wie hat Sie der Loyalitätskonflikt beeinflusst?
3. Gibt es irgendwelche unbewussten Loyalitäten, die Sie identifizieren können? Wenn ja: Welchen Einfluss haben sie auf Sie gehabt?

Familienerbe

1. Was war/ist Ihr Erbe in Ihrer Herkunftsfamilie? (Beispiele: »Du musst erfolgreich sein«, »Du bist eine Versagerin«, »Du bist ein Clown«, »Du musst unbedingt Lehrerin werden« ...)
2. Fühlt/-e sich dieses Erbe wie ein Segen oder wie ein Fluch an?
3. Wenn Sie mit Erfolg ein unerwünschtes Erbe abgelegt haben: Wie haben Sie das gemacht?
4. Wenn Sie ein unerwünschtes Erbe loswerden wollen: Können Sie sich vorstellen, was Sie dafür tun müssen?
5. Wenn Sie Vater oder Mutter sind: Welches Erbe geben Sie an Ihre Kinder weiter?

Familienkonto

1. Wie ist der derzeitige Kontostand der Beziehung zwischen Ihnen und Ihren (noch lebenden oder toten) Eltern? Was haben sie Ihnen gegeben und was sind sie Ihnen schuldig? Und wie ist es umgekehrt?
2. Wenn Sie in einer Partnerschaft leben: Wie ist der derzeitige Kontostand der Beziehung zwischen Ihnen und Ihrem Partner, Ihrer Partnerin? Wenn das Kontobuch nicht ausgeglichen ist: Führt das zu Problemen in Ihrer Beziehung? Auf welche Weise?
3. Wenn Sie Kinder haben: Denken Sie an das Konto der Beziehung zwischen Ihnen und den Kindern. Scheint es Ihr Leben und das der Kinder eher einzuschränken oder zu bereichern?

Namen

Wissen Sie, wie Sie zu Ihren Vornamen gekommen sind? Verweisen Ihre Vornamen auf Ihre Familie? Machen sie Sie stolz? Empfinden Sie Ihre Vornamen als Segen oder Fluch?

Kapitel 7

Familiengeheimnisse enthüllen oder bewahren?

Das Minenfeld der Familiengeheimnisse: ein gefährliches Terrain

»Wie können wir mit einem inneren Dämon Frieden schließen, mit einer Mutter, von der wir verletzt wurden, wenn wir die Wahrheit nicht kennen?«

REBECCA WELLS[1]

Jede Familie hat ihre Geheimnisse. Es gibt keinen einfachen Weg, mit ihnen umzugehen. Sowohl Familienmitglieder wie auch Ärzte und Therapeutinnen kämpfen regelmäßig mit den Vor- und Nachteilen der Enthüllung und Bewahrung von Familiengeheimnissen: Verborgene Geheimnisse können Probleme verursachen. Enthüllte Geheimnisse können Probleme verursachen.

In diesem Kapitel will ich verschiedene Typen von Geheimnissen aufzeigen, die Familien und ihre Mitglieder mit sich

1 Wells: Divine Secrets of the Ya-Ya-Sisterhood,1996.

herumtragen. Und ich will zeigen, dass dieses Herumtragen oft mit Scham verbunden ist. Das Thema »Scham« ist äußerst wichtig. Es wird in diesem Kapitel dort behandelt, wo es mit Familiengeheimnissen zusammenhängt. Das Thema reicht weit darüber hinaus, aber darum geht es nicht in diesem Buch.

Geheimnisse und Privatsphäre

Ich unterscheide im Folgenden zwischen Geheimnissen (oder der Geheimhaltung) und dem Schutz der Privatheit oder Privatsphäre. Naima Brown-Smith definiert ein Familiengeheimnis als eine Information, die Familienmitglieder direkt betrifft oder etwas angeht, aber vor ihnen verborgen oder nur teilweise enthüllt wird.

Nach Brown-Smith werden Familiengeheimnisse durch die folgenden Merkmale gekennzeichnet:

1. die Person oder die Personen, die das Geheimnis bewahren,
2. die Person oder die Personen, die das Geheimnis nicht kennen, aber davon beeinflusst werden,
3. andere, die nicht direkt mit dem Geheimnis zu tun haben, und
4. natürlich den Gegenstand des Geheimnisses.[2]

Einer der Gründe, aus dem es so kompliziert ist, sich mit dem Thema »Familiengeheimnisse« auseinanderzusetzen, ist die oft unscharfe Grenze zwischen dem Recht auf Privatheit und den Auswirkungen, die ein privates »Geheimnis« auf die anderen

2 Brown-Smith: Family Secrets, 1998.

Familienmitglieder hat. Sowohl Privatsphäre wie Geheimhaltung beruhen darauf, dass man anderen Informationen vorenthält. Was dem einen wie ein »Geheimnis« erscheint, fällt für den anderen unter den Schutz seiner Privatsphäre.

Ich möchte Sie ermutigen, darüber nachzudenken, wie Ihre Familienregeln aussehen, was die Achtung vor der Privatheit der Familienmitglieder betrifft, und wie Sie das in Ihren aktuellen Beziehungen beeinflusst.

Sowohl Einzelne wie auch Paare haben ein Recht auf Privatheit. Ohne sie kann man ein Gefühl für sich selbst und das eigene Wohlergehen verlieren. Wir alle haben Gefühle und Gedanken, die nur uns gehören und die wir nicht mit anderen teilen wollen.

Ich erinnere mich an eine Freundin aus meiner Kindheit. Sie war das dritte Kind einer Familie mit sieben Kindern. Sie musste ihr Zimmer, ihre Kleidung, die Zeit in der Badewanne und so gut wie alles immer mit anderen Familienmitgliedern teilen.

Eines Tages fragte sie mich, ob sie mir ein Geheimnis anvertrauen dürfe. Ich sagte Ja und ging mit ihr in den Wald in der Nähe. Wir kamen zu einem großen Baum. Sie hielt an und holte aus ihrer Tasche einen Löffel, mit dem sie begann, in dem Dreck zwischen zwei großen Wurzeln des Baumes zu graben. Dann zog sie eine kleine Plastikbox heraus. In ihr waren Hunderte kleiner goldener Sterne von der Art, wie sie damals unsere Lehrer auf die Hausaufgaben klebten, wenn sie gut gelungen waren.

Ich habe den Gesichtsausdruck meiner Freundin nie vergessen. Angesichts ihres ganz privaten Geheimnisses war ihr Gesicht voll Freude und Ehrfurcht. Ich fühlte mich geehrt und ich fühle mich auch jetzt immer geehrt, wenn meine Klienten und andere ihre Geheimnisse mit mir teilen.

Beim Beispiel meiner Freundin handelte es sich um ein »süßes« und ganz ungefährliches Geheimnis. Mir schien, dass sie irgendetwas in ihrem Leben haben wollte, das ganz privat war. Sie lebte in einer Familie, in der sie so viel mit anderen Familienmitgliedern teilen musste, dass etwas Privates, das nicht den anderen gehörte, für sie wichtig war und ihr guttat.

Wie gesagt: Sowohl Erwachsene als auch Kinder haben ein Recht auf Privatsphäre. Im Zeitalter der Cyberspace-Technologie wächst die Sorge, dass es immer schwerer wird, Privatsphäre zu haben und sie zu erhalten. Vor einigen Jahren besuchte ich eine Freundin. Während wir in der Küche standen, sprachen wir über ihren Wunsch, einen neuen Kühlschrank zu kaufen. Wir waren aber nicht allein. Uns leistete etwas Gesellschaft, das ihr Mann kürzlich gekauft hatte: eine virtuelle Sprachassistentin namens Alexa. Meine Freundin liebte es, Alexa zu fragen, wie das Wetter wird, und sie liebte es, sich von »ihr« bestimmte Songs vorspielen zu lassen. Wir dachten beide nicht daran, dass Alexa auch unserem Gespräch zuhörte. Später am Tag bekam meine Freundin auf ihrem Computer einen ganzen Berg E-Mails und Pop-up-Werbeblöcke, die Kühlschränke anpriesen. Ja, es stimmt: Privatsphäre ist im Zeitalter der Cyberspace-Technologie immer umkämpfter geworden.

Geheimnisse können von Einzelpersonen, von Paaren, in einem Familienhaushalt und in der erweiterten Familie bewahrt werden oder in einem größeren Kontext auftreten. Bei Familiengeheimnissen unterscheidet man zwischen internen und geteilten. Bei internen Familiengeheimnissen bewahren ein Familienmitglied oder mehrere ein Geheimnis vor mindestens einem anderen Familienmitglied. Es wird als verborgene Information definiert, die für diejenigen relevant ist, vor denen sie verborgen wird. Diese Definition unterscheidet Geheimhaltung von Schutz der Privatsphäre.

Ein Schlüsselwort ist »relevant«. Es gibt harmlose Familiengeheimnisse, die andere nicht wirklich beeinflussen und keinen Schaden anrichten. Das Geheimnis meiner Freundin, die einen Schatz vergraben hatte, ist ein Beispiel dafür.

Geteilte Familiengeheimnisse kennt die ganze Familie. Sie verbirgt sie gegenüber Personen, die nicht zur Familie gehören. Geteilte Familiengeheimnisse gibt es häufig in Familien mit Drogenmissbrauch, körperlichem Missbrauch und der Scham bezüglich einer bestimmten Person oder bezüglich etwas, das in der Familie aktuell geschieht oder in vergangenen Generationen geschehen ist.

Die zwei üblichsten Methoden, Geheimnisse zu wahren, sind Lügen und Verschweigen von Informationen. Beim Lügen geben wir falsche Informationen weiter. Beim Verschweigen halten wir relevante Informationen zurück.

Sich selbst schützen oder andere?

Meistens hütet eine Person ein Geheimnis, weil sie glaubt, etwas zu verlieren, wenn jemand anderes das Geheimnis erfährt. Sie will sich also selbst schützen. Es kann aber auch sein, dass man den Beschluss fasst, etwas geheim zu halten, weil man andere »schützen« will. Oder jemand redet sich ein, dass er ein Geheimnis bewahrt, um andere zu schützen, will aber in Wirklichkeit nur sich selbst schützen.

Eine der vielen Dienstleistungen, die das Zentrum anbietet, in dem ich seit einem halben Jahrhundert als Therapeutin arbeite, ist die Beratung von Menschen, die einen Verwandten durch Selbstmord verloren haben.[3] Für die Hinterbliebenen ist es nicht ungewöhnlich, geheim zu halten, dass sich ihr Angehöriger umgebracht hat. Und das, obwohl sich dankenswerterweise das Stigma, das mit Selbstmord verbunden ist, seit meinen ersten Jahren als Therapeutin verringert hat. Ich habe mit vielen Klienten zusammengesessen, bei denen ein Familienmitglied seinem Leben ein Ende gesetzt hatte. Die Schuldgefühle und die Scham, die sie verspüren, machen ihren Trauerprozess in der Regel komplizierter. Aus Scham wollen viele nicht, dass andere die Wahrheit über den Tod ihres Familienmitglieds erfahren. Oft wollen sie das Andenken an den, der sich umgebracht hat, bewahren – und sie wollen sich selbst davor bewahren, die sie beschämende Wahrheit zu enthüllen.

Viele Eltern tun sich schwer mit der Entscheidung, ob sie ihren Kindern erzählen sollen, dass sich das verstorbene Familienmitglied selbst umgebracht hat. Sie wollen vielleicht das Ansehen des Toten wahren. Meiner Erfahrung nach wollen diese Eltern ihre Kinder auch vor den emotionalen Auswirkungen dieser Information schützen. Wir empfehlen Ehrlichkeit bei diesem Thema, aber natürlich müssen auch das Alter und der Entwicklungsstand der Kinder berücksichtigt werden, wenn es darum geht, mit welchen Worten und wie ausführlich ihnen davon erzählt werden soll.

Ich bin eine strikte Verfechterin unseres Rechts auf Privatsphäre. Meiner Erfahrung nach haben wir alle unsere ganz persönlichen Geheimnisse. Deswegen hier noch einmal: Diese Geheimnisse werden nur zum Problem, wenn die verborgene Information

---

3 Siehe dazu auch in Kapitel 6 »Selbstmord - ein verheerendes Erbe«.

für den, vor dem wir sie verbergen, relevant ist. Die geheime Affäre eines Ehemanns *ist relevant* für seine Ehefrau und die Kinder und beeinflusst sie negativ. Dieses Geheimnis ist destruktiv und destruktive Geheimnisse höhlen die Beziehung aus. Sie wirken wie eine nicht erkannte Krebserkrankung – und eine Krankheit, von der man nichts weiß, kann man nicht behandeln.

Destruktive Geheimnisse

Ich erinnere mich an eine Geschichte, die mir vor vielen Jahren ein Kollege erzählt hat. Es ging um die destruktive Natur von Geheimnissen.

Zu dem Kollegen kam ein Mann mittleren Alters in Therapie, der mit einer schweren Depression zu kämpfen hatte. Nachdem sie einige Jahre zusammengearbeitet hatten, war der Klient weit weniger depressiv und nun größtenteils mit seinem Leben zufrieden. Sie fingen an, das Ende der Therapie zu planen, obwohl beide, mein Kollege und der Klient, eingestanden, dass der Klient durchaus noch depressiv war. Der Klient war aber überzeugt, dass das einfach sein »Schicksal« war.

Kurz bevor die Therapie aufhören sollte, rief der Klient wegen einer schweren Krise an. Er erzählte, dass er an Selbstmord denke und sich nicht sicher sei, ob er weiterleben wolle.

Als der Therapeut und der Klient in einer Notsitzung zusammenkamen, erzählte der Klient, dass gerade seine Lieblingstante gestorben sei. Der Klient war schockiert darüber, wie tief seine Trauer war. Der Therapeut und er waren außerdem völlig überrascht über das Ausmaß seiner Verzweiflung. Irgendetwas fühlte sich für beide »ganz falsch« an. Aber was?

Später in der Woche kam der Klient dann zur üblichen Stunde in die Therapie. Sein Auftreten war völlig anders. Nicht nur, dass er nicht mehr verzweifelt war, auch seine Depression war verschwunden. Der Klient berichtete, dass ihm seine Mutter kurz nach der Beerdigung der geliebten Tante ein Familiengeheimnis eröffnet hatte.

Das Geheimnis war, dass die Tante in Wirklichkeit seine leibliche Mutter gewesen war. Die Frau, die ihn als ihren Sohn großgezogen hatte, war deren ältere Schwester. Der Klient erzählte alle Einzelheiten des Geheimnisses und berichtete auch, dass er sich zum ersten Mal in seinem Leben »ganz« fühle. Endlich wisse er, wer er sei. Seine Mutter sagte ihm, dass sie und die leibliche Mutter, die er für seine Tante gehalten hatte, vorgehabt hatten, ihm alles zu sagen, sobald er 18 werden würde. Aufgrund anderer Probleme, die es zu der Zeit in der Familie gegeben hatte, hatten sie aber beschlossen, das aufzuschieben. Die leibliche Mutter hatte sich dann dafür entschieden, das Geheimnis zu bewahren, nachdem sie eh schon so lange gewartet hatten.

Der Klient glaubte, dass etwas in ihm »schon immer gewusst hatte, dass es etwas gab, was er nicht wusste«. Und dass die Aufdeckung des Geheimnisses ihn von einer tiefen Traurigkeit befreite, die er sein ganzes Leben mit sich herumgetragen hatte und die sein Therapeut und er als Depression diagnostiziert hatten.

In diesem Beispiel haben Familienmitglieder – »Mutter« und »Tante« – ein Geheimnis bewahrt, um ein anderes Familienmitglied – den Sohn beziehungsweise Neffen – zu beschützen. Dieser Wunsch, zu beschützen, wurde aber für den Beschützten zur Bürde – ein Resultat, das in der Mehrzahl der Fälle die Folge solcher Geheimnisse ist.

Meiner Erfahrung nach haben Geheimnisse oft Einfluss auf das Unterbewusstsein von denjenigen, vor denen sie verborgen werden, auch wenn ihnen das nicht bewusst ist. Wir »wissen« also oft manches unbewusst. Ich denke, dass das in dem obigen Beispiel passiert ist. Das Gefühl, dass etwas nicht stimmt, erzeugt Ängste bei den Betroffenen. Diese Ahnung kann uns weitgehend emotional beeinflussen. Besonders bei Kindern und Teenagern kann sie sich im Verhalten niederschlagen – und tut das auch oft.

Wie mein geschätzter Kollege glaube auch ich, dass die konstanten Ängste und Depressionen des Klienten die Folge seines unbewussten Wissens waren. Ich behaupte nicht, erklären zu können, wie das funktioniert. Ich kann mich nur auf meine Erfahrungen stützen und auf das, was mir andere über das Phänomen berichtet haben. Ich frage mich oft, ob das Phänomen mit Albert Einsteins Idee einer »spukhaften Fernwirkung« oder mit einer »Verschränkung« von Quanten zusammenhängt – beides Dinge, die ich nicht ganz verstehe, obwohl ich sie über Jahrzehnte studiert habe.[4]

Das Folgende ist ein weiteres Beispiel dafür, wie ein Geheimnis, das bewahrt wurde, um jemanden zu schützen, negative Auswirkungen hatte: Eltern brachten ihre 16 Jahre alte Tochter mit zur Familientherapie. Die Eltern waren besorgt, weil die Tochter die Ausgehregeln nicht einhielt und weil sie glaubten, dass sie mit ihrem Freund Sex hatte. Besonders die Mutter beschimpfte

4 Einstein hatte 1935 eine »spooky action at a distance« aufgrund »versteckter Variablen« angenommen, die Informationen mit Überlichtgeschwindigkeit verbreiten. Einsteins Idee, mit der er die Quantenmechanik ergänzen wollte, ist längst widerlegt. Zum »Entanglement« von Quanten siehe etwa https://www.studysmarter.de/schule/physik/quantenmechanik/quantenverschraenkung/. (Anm. d. Ü.)

die Tochter. Sie reagierte regelrecht hysterisch, wenn sie über das sprach, was mit ihrer Tochter los war.

Das war für mich ein Zeichen dafür, dass ich mehr herausfinden musste. Ich beschloss, mich mit den Eltern ohne die Tochter zu einer Sitzung zu treffen. Bei dem Treffen erfuhr ich, dass die Mutter mit 16 Jahren schwanger geworden war und das Kind zur Adoption freigegeben hatte. Sie hatte ihrem Mann und natürlich auch ihrer Tochter nie von diesem Geheimnis erzählt. Ich half dem Paar, diese Information zu verarbeiten. Der Mann hat seine Frau nicht verurteilt und schaffte es, sie zu trösten und zu unterstützen.

Ich befürwortete unbedingt das Recht der Mutter auf ihre Privatsphäre, aber ich äußerte auch die Sorge, dass sich solche Geschichten in einer Familie wiederholen können, insbesondere wenn die mit Scham behafteten Informationen nicht diskutiert und verarbeitet werden.

Die Eltern kamen dann wieder mit ihrer Tochter zur Therapie. Die Mutter hatte ihr Geheimnis mit dem Vater geteilt und verarbeitet und beschloss nun, es auch der Tochter zu eröffnen. Sie tat das in ruhiger Weise und mit der entsprechenden Wirkung: Die Tochter kam zur Mutter, setzte sich neben sie und schloss sie in die Arme. Beide weinten zusammen. Der Vater berührte sie liebevoll.

Die Tochter sagte, sie könne die Sorgen verstehen, die sich die Eltern wegen ihr machten. Sie sagte auch, sie denke nicht, dass die Sorgen nötig seien, sie werde sich aber ab jetzt an die Ausgehregeln halten.

Die Familie hatte noch mehrere Sitzungen, um das Problem »Eltern vs. Teenager« zu besprechen, insbesondere die Sorge, dass die Tochter sexuell aktiv war. Die Grundhaltung bei den

Sitzungen änderte sich dramatisch, nachdem sie alle angefangen hatten, einander wirklich zuzuhören und zu verstehen. Ich glaube, dass dieser Wechsel möglich war, weil das *große* Geheimnis, dass die Mutter schwanger gewesen war und ihr Kind zur Adoption freigegeben hatte, ans Licht gekommen war.

Eine Adoption geheim zu halten, ist heute nicht mehr so verbreitet wie früher. Am Anfang meiner Karriere war es für jemanden, der adoptiert worden war, nicht ungewöhnlich, davon nichts zu erfahren. Wie das Thema »Adoption« in der Familie behandelt wird, hat einen gewaltigen Einfluss auf die Familienmitglieder. Geschichten und Überzeugungen, die die Adoption betreffen, beeinflussen die zugewiesenen Rollen, die Grenzen von Beziehungen und die Art und Weise, wie jeder Einzelne denkt, was und wer er in der Welt ist.

Geheimnisse, die schützen sollen, sind oft destruktiv. Destruktive Geheimnisse sind toxisch und bergen ein gewisses Maß an Risiko für mindestens ein Familienmitglied.

Einige Geheimnisse sind sogar gefährlich. Dazu zählen ganz gewiss Geheimnisse, bei denen es um körperliche Misshandlungen und sexuellen Missbrauch geht. Gefährlich sind auch Geheimnisse, die Gewalt gegen sich selbst und andere beinhalten. Und natürlich kriminelle Geheimnisse.

So kam zum Beispiel ein junger Mann in die Therapie, der gerade zu studieren begonnen hatte. Ein Mitglied der Bande, in der sein älterer Bruder mitmischte, hatte kürzlich den jüngeren Bruder und die Schwester meines Klienten in ihrer Wohnung umgebracht. Sein älterer Bruder dealte vom gemeinsamen Zuhause aus mit Drogen. Sein Onkel hatte davon gewusst. Er hatte auch zu der Bande gehört und beschlossen, seiner Schwester, also der Mutter des Klienten, nichts von diesem Arrangement zu sagen. Ein gefährliches Geheimnis!

Geheimnisse und Schamgefühle

Destruktive Geheimnisse tendieren dazu, bei einem oder mehreren involvierten Familienmitgliedern das Gefühl von Scham zu erzeugen. Wer Scham empfindet, kann sich gedemütigt, verwirrt, wertlos, ehrlos, ungenügend und nicht selbstsicher genug fühlen, um mit anderen in Kontakt zu treten. Menschen, die Scham empfinden, glauben oft, dass ihre ganze Existenz fehlerhaft ist.

Scham kann das Resultat von etwas sein, was man getan hat, oder von etwas, was man nicht getan hat. In einer Familie hat Scham oft etwas damit zu tun, dass die Mitglieder glauben, von Menschen außerhalb der Familie wegen ihrer Ethnizität, Religion, der sexuellen Orientierung oder des ökonomischen Status als minderwertig wahrgenommen zu werden. Ein Familienmitglied kann auch Scham empfinden, wenn sich innerhalb der Familie etwas ereignet hat oder sich immer noch ereignet, was sich falsch anfühlt oder von der Außenwelt verurteilt werden würde. Scham führt oft dazu, dass Geheimnisse über einen langen Zeitraum gehütet werden.

Ich habe schon das Konzept der geteilten Familiengeheimnisse erläutert, also Geheimnisse, die die Familie teilt, die sie aber vor der Außenwelt versteckt. In den meisten Fällen haben diese Geheimnisse etwas mit Sucht, illegalen Handlungen, körperlichen Misshandlungen und sexuellem Missbrauch zu tun. Die geteilten Familiengeheimnisse müssen nicht jedem Familienmitglied bekannt sein, es kann sein, dass einige Familienmitglieder nichts davon wissen. In einer Familie aus Vater, Mutter, einer zwölfjährigen Tochter, einem zehnjährigen Sohn und einer fünfjährigen Tochter kann es zum Beispiel sein, dass nur die Eltern und die älteste Tochter wissen, dass ein Onkel sie sexuell missbraucht hat. Die beiden jüngeren Kinder werden das vielleicht nie erfahren. Aber natürlich heißt das nicht, dass sie nicht auf einer unbewussten Ebene »wissen«, dass mit der älteren Schwester etwas Schreckliches passiert ist.

Leider ist es oft das Opfer, das Scham und Selbstekel empfindet und ein geringes Selbstwertgefühl entwickelt. Hat ein Kind einen Verwandten, der sich falsch verhält, kann es sein, dass sich das Kind dafür schämt. Ich habe das sehr häufig von erwachsenen Kindern von Alkoholikern gehört. Nach den vielen Jahren als Psychotherapeutin macht es mich immer noch traurig, wenn ich einer Person gegenübersitze, die sich seit ihrer Kindheit schämt, weil sich ein Erwachsener beschämend verhalten hat. Kinder tendieren zu dem Glauben, dass sie verantwortlich sind oder sich falsch verhalten haben, wenn ein Erwachsener sie in irgendeiner Weise missbraucht, verlassen oder verletzt hat. Ich halte es für meine Aufgabe, meinen Klienten zu helfen, Schuld, Scham und Verantwortung dahin zu befördern, wo ihr Platz ist: beim Täter, dem Verursacher des beschämenden Verhaltens, der in der Regel ein Erwachsener ist. Ich ermutige meine Klienten, Mitgefühl mit sich selbst zu haben und sich um sich selbst zu kümmern, was schließlich dazu führt, dass sie sich selbst verzeihen – sofern das angebracht ist.

Ich verdanke Oprah Winfrey viel. Nachdem sie Mitte der 1980er Jahre mit ihrer Show begonnen hatte, kamen viel mehr Frauen zur Therapie, um Heilung von erlittenem Missbrauch zu finden. Ich glaube, dass sie sehr viele Frauen ermutigt hat, über ihre Missbrauchserfahrungen zu reden. Sie hat ihnen vermittelt, dass sie von den Wunden ihres Missbrauchs geheilt werden können, und regte sie an, sich Hilfe zu suchen, statt sich selbst anzuklagen.

Scham und Schuld

Scham und Schuld werden oft verwechselt. Ich erinnere mich, wie ich als junge Therapeutin mal von einem Kollegen hörte: »Schuld zu empfinden, ist eine nutzlose Gefühlsregung.« Ich war sicher, dass er unrecht hatte, und habe jahrzehntelang über diese Aussage gegrübelt. Ich denke, dass sich jemand mit Recht schuldig fühlt, wenn er etwas Falsches getan hat. Ich habe allerdings auch beobachtet, dass es meistens nicht produktiv ist und somit eine Verschwendung von Energie, wenn sich jemand nur schuldig *fühlt*. Denn Schuldgefühle sind sinnlos, wenn sie nicht mit Reue und Einsicht verbunden sind. Etwas zu bereuen und darüber traurig zu sein, bereitet den Weg zur Heilung.

Ein Beispiel: Eine Frau Anfang 60 kam zu mir in die Therapie, nachdem sie eine Überdosis Schmerztabletten genommen hatte und in eine Klinik eingeliefert worden war. Sie sagte, dass sie nicht länger leben wolle, da sie sich schuldig fühle, ihre inzwischen erwachsene Tochter nicht beschützt zu haben. Ihr Ex-Mann, der Vater der Tochter, hatte diese missbraucht, als sie noch jünger gewesen war.

Sie sagte, die Schuld habe über die Jahre an ihr genagt und sie könne es nun nicht länger aushalten. Ich fragte sie, ob es die Schuld sei, mit der sie nicht länger leben könne – oder die Scham, die sie im Zusammenhang mit der Schuld empfinde. Sie beschrieb mir den Unterschied: »Ich fühle mich schuldig wegen dem, was ich *nicht* getan habe, aber es ist die Scham, die mich auffrisst.« Ich erklärte ihr, dass ein Schuldgefühl darauf basiert, dass man sich wegen einer Handlung schlecht fühlt, die man vorgenommen – oder unterlassen – hat. Bei Scham geht es dagegen darum, was wir uns selbst gegenüber fühlen und wie wir uns beurteilen. Wir denken dann nicht nur: »Was ich getan habe, war schlecht«, sondern: »*Ich* bin schlecht.«

Meine Klientin hatte vor der Sitzung bei mir versucht, mit ihrer Tochter zu reden. Die Tochter wollte aber keine persönliche Beziehung mit ihr aufnehmen. Schuld! Schuld! Scham! Das hat meine Klientin aufgefressen.

Meine Frage an sie lautete also: »Was hätten Sie gern anders gemacht?« Sie gab mir einige Antworten, die aber oft von Rationalisierungen begleitet waren, mit denen sie rechtfertigte, warum sie etwas nicht hatte anders machen *können*. Eine Antwort war zum Beispiel: »Ich dachte daran, zusammen mit meiner Tochter wegzugehen, aber ich wusste nicht, wohin.« Ich zweifle nicht daran, dass sie das damals wirklich so gesehen hatte. (Obwohl: Ich weiß von vielen Müttern, die genau das getan haben, nämlich die Missbrauchssituation zu verlassen, ohne zu wissen, wohin.)

Schritt für Schritt ermutigte ich sie, für ihre Entscheidungen Verantwortung zu übernehmen. Auf diesem Weg unterstützte ich sie dabei, ihr schlechtes Gewissen anzuerkennen, den Schmerz der Schuld, verbunden mit der Traurigkeit über sich selbst, über die Situation und das, was die Tochter durchgemacht hatte. Ihrer Tochter hatte sie gesagt: »Ich habe einen Fehler gemacht. Ich bin schuld. Ich hab mein Bestes gegeben. Ich hatte keine anderen Möglichkeiten. Es tut mir leid.« Sie bemerkte aber bald, dass das für die Tochter nur hohle Worte ohne jede Reue oder Trauer waren. Das reichte der Tochter nicht, um wieder Kontakt zur Mutter zu suchen. Als meine Klientin aufhörte, sich nur auf ihre Schuld zu konzentrieren, und stattdessen Reue und große Traurigkeit zuließ, wurde ihr bewusst, dass sich ihr innerer emotionaler Zustand verändert hatte. Das erlaubte ihr, sich ganz ihrer Traurigkeit und ihrem Schmerz zu widmen. Nun konnte sie mit ihrer Tochter aus einer Position der Wahrheit, Reue und Traurigkeit reden, was eine aufgeschlossene Kommunikation möglich machte. Die Tochter willigte ein, wieder begrenzten Kontakt mit der Mutter aufzunehmen. Ich ermutigte beide zu einer Familientherapie, um die Heilung ihrer Beziehung zu unterstützen. Ich freue mich sehr, dass dieser Fall ein »Happy End« hatte.

In Familien, in denen die Familiengeheimnisse mit Scham behaftet sind und weder die Geheimnisse noch die Schamgefühle unter den Familienmitgliedern thematisiert werden, können Peinlichkeiten, Demütigungen und Scham über die Generationen weitergegeben werden. Daher erinnere ich hier noch einmal an einige der Schritte, die dabei helfen können, Schuld und Scham zu heilen.

- Es ist wichtig, Schuld, Scham und Verantwortung denen zuzuweisen, die für sie verantwortlich sind: der Person oder den Personen, die sich dafür entschieden haben, sich beschämend zu verhalten.
- Ich ermutige meine Klienten, Mitgefühl mit sich selbst zu haben und sich um sich selbst zu kümmern, was schließlich dazu führt, sich selbst zu verzeihen – sofern das angebracht ist.

- Eine zuvor formulierte Erkenntnis sei an dieser Stelle wiederholt: Der Akt des Vergebens (Akt des Erlassens) setzt die emotionale Energie frei, die man in eine Person oder Situation investiert hat. Vergeben ist ein Geschenk, das Sie sich selbst machen. Etwas vergeben heißt *nicht*, es zu vergessen. Etwas vergeben heißt *nicht*, sich selbst oder den anderen aus jeder Verantwortung zu entlassen.

Süße Geheimnisse und notwendige Geheimnisse

Es gibt toxische und gefährliche Geheimnisse. Es gibt aber auch »süße« Geheimnisse und notwendige Geheimnisse.

Evan Imber-Black, die Direktorin des Ackerman Center for Families and Health und Fakultätsmitglied des Ackerman Institute for the Family in New York, beschreibt »süße« Geheimnisse als etwas, das zeitlich begrenzt ist und jemand anderem zugutekommt. Beispiele sind ein Geschenk oder eine Überraschungsparty, also etwas, was anderen Freude macht.[5] Das Geheimnis meiner Freundin, ihr Schatz im Wald, war ein solches »süßes« Geheimnis.

Und dann gibt es noch die notwendigen Geheimnisse. Die Frauen, die bei mir in Therapie waren und unter häuslicher Gewalt und Missbrauch litten, haben mir von solchen notwendigen Geheimnissen erzählt. Ihr »Fluchtplan« musste natürlich verborgen bleiben, da noch mehr Gewalt und Missbrauch gedroht hätten, wenn alles aufgeflogen wäre.

---

5 Imber-Black: Creating Meaningful Rituals, 1999, S. 204. Vgl. auch Imber-Black: Rituale in Familien, 1993.

Ich hatte auch Klientinnen, Freunde und Familienmitglieder, die mit der Diagnose einer schweren oder auch unheilbaren Krankheit konfrontiert waren und dieses Wissen erst einmal selbst verarbeiten wollten, um sich Gedanken über ihre Zukunft zu machen, bevor sie die Informationen mit anderen Familienmitgliedern teilten.

Als Therapeutin steht es mir nicht zu, meinen Klientinnen und Klienten zu sagen, was sie tun oder nicht tun sollen. Ich muss ihnen vielmehr helfen, die Konsequenzen ihrer Entscheidung abzuschätzen.

Kein Geheimnis gleicht dem anderen und auch kein »Geheimnisträger« gleicht dem anderen. Wenn es darum geht, sich zu entscheiden, ob ein Geheimnis enthüllt oder bewahrt werden soll, gibt es keine Regeln, die für alles und alle passen. Falls Sie ein Geheimnis vor anderen Familienmitgliedern bewahren, rate ich Ihnen, sich folgende Fragen zu stellen:

1. Wen schützt das Geheimnis? Sie selbst? Die fragliche Person? Oder andere?
2. Was ist das Schlimmste, was passieren kann, wenn das Geheimnis aufgedeckt wird?
3. Würde das Aufdecken des Geheimnisses mehr Schaden als Nutzen bringen?
4. Kann es sein, dass das Verschweigen schlimmere Folgen hat als das Aussprechen des Unaussprechlichen?

Bewahren Sie das Geheimnis einer anderen Person oder verschweigen Sie das Fehlverhalten eines anderen, fragen Sie sich selbst:

5. Bereitet Ihnen das Bewahren des Geheimnisses Stress oder Leid?
6. Wenn es so ist: Wären Sie bereit, die mühselige Rolle eines Geheimnisträgers aufzugeben und damit auch die Schuld und die Scham loszulassen, die mit dem Geheimnis verbunden sind?

Und denken Sie daran: Familiengeheimnisse können in einem Familiensystem verheerende Kräfte entwickeln.

»Was ich nicht weiß, macht mich nicht heiß«, ist eine Lüge: Auch was wir nicht wissen, *kann* uns verletzen.

Überlegungen

Eine Anmerkung an die Leserinnen und Leser: Am Ende dieses Kapitels schlage ich Ihnen nicht wie sonst Fragen vor. Ich rate Ihnen vielmehr, sich Hilfe zu suchen, wenn Sie ein Geheimnis, sei es Ihr eigenes oder das von jemand anderem, bewahren und Sie davon »aufgefressen« werden. Reden Sie mit einem Vertrauten oder bemühen Sie sich um eine Therapie.

Haben Sie ein »Bauchgefühl«, dass es in Ihrer Familie etwas Wichtiges gibt, das Sie nicht wissen, fassen Sie Mut und *fragen* Sie danach. Zuvor sollten Sie sich allerdings die nötige Unterstützung durch die Familie, durch Freunde oder durch professionelle Helfer sichern.

Ich will Sie ermutigen, über die Regeln und Gesetze nachzudenken, die in Ihrer Herkunftsfamilie bezüglich der Achtung der Privatsphäre gelten, und zu überlegen, wie Sie das in Ihren aktuellen Beziehungen beeinflusst.

Für eine gute mentale Gesundheit ist es wesentlich, dass Ihre Wünsche und Bedürfnisse bezüglich der Privatsphäre erfüllt werden. Dafür ist es oft nötig, klare und feste Grenzen zwischen sich und anderen Familienmitgliedern zu ziehen. Finden Sie heraus, wie Sie Ihre Wünsche und Bedürfnisse bezüglich der Privatsphäre in der Regel durchsetzen. Seien Sie sich selbst gegenüber ehrlich darüber, was das für einen Einfluss auf Ihre Beziehungen hat.

Wenn Sie etwas verbergen, was für andere relevant ist, ist das *nicht* durch Ihr Recht auf Privatsphäre gedeckt. Es zählt auch *nicht* zur Selbstfürsorge, sich auf das eigene Bedürfnis nach Privatsphäre zu berufen, wenn man etwas verbirgt, was illegal ist oder sich selbst oder anderen Leid zufügt.

Kapitel 8

Die Macht der Geschichten, Mythen und Rituale

Wie sich die Generationen formieren

»Wir werden nicht nachlassen in unserem Forschen.
Und das Ende unseres Forschens
ist, an den Ausgangspunkt zu kommen.
Und zum ersten Mal den Ort zu erkennen.«
T. S. ELIOT[1]

Viele der Vorstellungen und Überzeugungen, die wir davon haben, wer wir sind, stammen aus unseren Familiengeschichten. Das können Geschichten sein, die uns ganz persönlich betreffen, oder auch Geschichten und Mythen, die von der Familie insgesamt handeln. Sie können auf der Wirklichkeit beruhen, aber auch reine Fantasieprodukte sein. Wie auch immer: Diese Geschichten und Mythen definieren, wie sich die Familie und ihre Mitglieder im Verhältnis zueinander und zur Welt sehen. Ich will in diesem Kapitel die Macht beleuchten, die Familiengeschichten

1 Eliot: Vier Quartette, 1952, S. 60 (»Little Gidding«).

und -mythen haben, indem ich ein paar Beispiele aus meinem Leben erzähle.

Mythos 1: Die Großmutter starb mit 54 …

Als kleines Kind war ich sehr traurig, dass ich die Mutter meiner Mutter nicht kennengelernt habe. Sie starb vor meiner Geburt. Trotzdem hatte ich immer das Gefühl, dass sie sehr wichtig für den Prozess war, der mich zu der machte, die ich bin.

Meine Großmutter starb, als meine Mutter erst 20 Jahre alt war. Meine Mutter hat nie viel davon erzählt, wie sie aufwuchs, aber es war für mich immer offensichtlich, dass sie tieftraurig darüber war, ihre Mutter so früh verloren zu haben. Als ich ungefähr zwölf war, fuhren wir einmal nach Cleveland, um die Tante und den Onkel meiner Mutter zu treffen, die meine Großmutter noch in jungen Jahren gekannt hatten. Mein Großonkel erzählte uns von ihr. Immer wieder fing er damit an, wie sehr ich ihn an die tote Großmutter erinnerte. Seine Worte beeinflussten mich in einer Weise, die ich damals überhaupt nicht verstehen konnte. Ich litt mein Leben lang unter der Angst, ebenso früh zu sterben wie die Großmutter, nämlich mit 54.

In dem Zuhause, in dem ich meine drei Söhne großzog, hingen über meinem Bett ein paar Familienfotos, darunter ein Schwarz-Weiß-Foto meiner Großmutter, das ein paar Jahre vor ihrem Tod aufgenommen worden war. Ich habe dieses Bild immer sehr geliebt. Meine Großmutter sieht darauf so schön aus mit ihrem entzückenden weißen Häkelkleid und ihren weißen Haaren, die hoch über ihrem Kopf aufgetürmt waren. Am Abend, bevor ich 53 wurde, saß ich im Bett und las. Das Foto, das jahrzehntelang an der Wand über meinem Bett gehangen hatte, fiel herab und landete auf meinem Schoß. Auf der Rückseite des Fotos sah ich, dass meine Mutter das Geburts- und Sterbedatum der Großmutter notiert hatte. Aus irgendeinem Grund rechnete ich nach. Wieder und wieder. Ich war sprachlos: Die Großmutter war tatsächlich mit 52, nicht mit 54 Jahren gestorben und ich stand an diesem Abend vor meinem 53. Geburtstag! Ich war so erleichtert. Frieden und das Gefühl von Freiheit erfüllten mich, weil ich jetzt glaubte, noch mehr Zeit auf der Welt verbringen zu können.

Am nächsten Tag leitete ich einen Workshop für Frauen, die ihr Leben ändern wollten. Genau das war mit mir geschehen! In einem kurzen Moment hatten sich mein Leben und meine Vorstellungen geändert. Ich hatte einen Mythos über meinen eigenen Tod geschaffen, der auf den Worten meines Großonkels beruhte, dass ich ihn so sehr an meine Großmutter erinnerte.

Ich habe in meiner Praxis oft Klienten gehabt, die glaubten oder befürchteten, im gleichen Alter wie einer der Elternteile oder der Großeltern sterben zu müssen. Das mag eine irrationale Angst sein oder nicht, aber ich habe erkannt, dass es eine Angst ist, an die viele bewusst glauben oder die sie tief in ihrer Seele tragen.

Mythos 2: Wirklich oder nur eingebildet?

In meiner Familie gab es viele Geschichten und Mythen, die mich beeinflusst haben. Als Teenager habe ich mich sehr für Religionen interessiert. Deshalb wollte ich genauer herausfinden, wie es mit dem Glauben in meiner Familie aussah. Ich wusste, dass der Vater meines Vaters einer irisch-katholischen Familie entstammte. Von einigen Cousins meines Vaters wusste ich, dass sie praktizierende

Katholiken waren. Ich fragte meine Tante Helen, warum mein Großvater die katholische Kirche verlassen hatte. Sie erzählte mir eine Geschichte, die ein Teil des Grundgerüsts meines Lebens wurde und meine Gedanken, Überzeugungen und Neigungen beeinflusste.

Als ich in meinen 60ern war, besuchte ich einige Jahre vor ihrem Tod meine Tante und erinnerte sie an die alte Geschichte, die ich von ihr gehört hatte. Ich sagte ihr, wie sehr mich diese Familiengeschichte in meinem Leben beeinflusst hatte. Der Mythos hatte einen großen Einfluss auf mich gehabt, auch auf meine Entscheidung, Familientherapeutin zu werden.

Mein Vater hatte keine Geschwister außer seiner jüngeren Schwester Helen. Sie spielte eine große Rolle in meinem Leben. Tante Helen war eine begabte Künstlerin und brachte Spaß, Geheimnisse und Aufregung in mein Leben. Sie hatte auch einen Sinn für Dramatik. Sie hatte mir die Geschichte erzählt, als ich gerade noch ein Teenager gewesen war.

Meine Tante erinnerte sich aber nicht, mir diese Geschichte jemals erzählt zu haben. Sie meinte sogar, dass die Geschichte, an die ich mein ganzes Leben lang geglaubt hatte, nicht ganz stimmte. Ich war verwirrt und verärgert, denn ich erinnerte mich genau an die Szene und den Platz, an dem wir gesessen hatten, als sie mir die Geschichte erzählte. Aber nun der Klarheit halber die Geschichte, die ich von ihr gehört hatte. (Aber ist es wirklich die Geschichte, die mir meine Tante erzählt hat? Oder war es ein Traum?)

Die Familie meines Großvaters war vor dem Amerikanischen Bürgerkrieg aus Irland ausgewandert und hatte sich im Süden von Indiana am Ohio niedergelassen. Mein Urgroßvater war damals ein junger Mann und wurde im Bürgerkrieg Arzt. Nach dem Krieg praktizierte er weiter als Arzt in seinem Wohnort, wo die Familie hoch angesehen war. Als gute irische Katholiken besuchten die Familienmitglieder regelmäßig die Messe und hatten eine der vordersten Sitzreihen in der Kirche für sich.

Die Geschichte ging so weiter: Nach dem Tod meines Urgroßvaters verliebte sich seine Witwe und verlobte sich. Ihr Verlobter, der in der Landwirtschaft arbeitete, starb aber kurz vor der geplanten Hochzeit bei einem Arbeitsunfall. Bald zeigte sich, dass sie ein Kind von ihm erwartete. Das verursachte einen Skandal. Die Familie verlor ihr Ansehen in der Kirchengemeinde und auch die Sitzreihe in der Kirche.

Meine Tante erzählte mir, dass einer der Söhne meiner Urgroßmutter, der Bruder meines Großvaters, deswegen so verzweifelt war, dass er sich umbrachte. Und das war der Grund, aus dem mein Großvater kein praktizierender Katholik mehr war und nicht mehr an Gott glaubte.

Als junge Frau, die gerade anfing zu studieren, beeinflusste mich diese Geschichte auf verschiedene Weise. Mir war schon vorher sehr bewusst gewesen, wie viel Unrecht es auf der Welt gab. Immerhin wurde ich in den 1960er Jahren erwachsen. Schon in der Schule liebte ich es, mich mit Soziologie und Psychologie zu befassen, und war neugierig, wenn es um mentale und emotionale Gesundheit ging. Ich war entschlossen, Ungerechtigkeit zu bekämpfen, und verachte heute noch Scheinheiligkeit und Heuchelei.

Als ich die alte Familiengeschichte mit meiner Tante noch einmal kurz vor ihrem Tod diskutierte, klärte sie mich auf, dass ihr Vater gar keinen Bruder gehabt hatte, der sich umgebracht hatte. Abgesehen davon sei die Geschichte aber »einigermaßen« wahr. Als mir klar wurde, dass meine Erinnerung an die Geschichte nicht ganz stimmte, hat das die Kraft nicht zerstört, mit der sie auf mich, meine Haltung zur Religion und meine Weltsicht im Allgemeinen einwirkte. Wir leben oft mit Mythen, die aus unseren eigenen Interpretationen oder Vorstellungen entstanden sind. Was wir hören, muss nicht immer das sein, was erzählt wurde.

Ob ein Mythos der Wirklichkeit entstammt oder im Kopf entstanden ist, ändert nichts daran, dass er einen erheblichen Einfluss auf unser Leben hat. Familiengeschichten mögen der Wahrheit entsprechen oder ausgedacht sein: Sie haben nicht ihrer Wahrheit wegen so viel Einfluss, sondern weil sie zu einem Mythos werden. Für mich hatten die zwei Geschichten aus meiner Familie eine mythische Bedeutung gewonnen und mein Leben stark beeinflusst.

Von unseren Familien überlieferte Geschichten und Mythen können beeinflussen, ja sogar darüber bestimmen, wie wir denken und fühlen, wer wir sind und welchen Blick wir auf das Leben haben. Sie können über einige oder auch viele Generationen weitergegeben werden. Ich glaube, dass wir Menschen uns danach sehnen, eine Bedeutung zu haben. Wir haben den tiefen Wunsch, zu verstehen, wie unser Platz in der Welt aussieht. Familiengeschichten, Mythen, Traditionen und Rituale sind für uns so außerordentlich wichtig und faszinierend, weil sie uns eine Kulisse geben, vor der wir unser Leben und die Welt entdecken können.

Wenn wir wahrnehmen und verstehen, wie uns Familiengeschichten und Familienmythen beeinflusst haben, gibt uns das die Freiheit, die Vorstellungen, die wir davon haben, wer wir sind und was wir tun, zu akzeptieren oder abzulehnen.

Die Macht des Erbes

In Kapitel 6 habe ich mich mit dem »Familienerbe« befasst, jenen von der Familie vorgegebenen Erwartungen und Regeln, wie man zu sein, zu leben, zu denken und zu fühlen hat. Dieses Erbe wird von den Familienmythen beeinflusst.

Wie wir über unsere Beziehungen und uns selbst denken und was wir dabei fühlen, basiert auf den Geschichten, die man uns erzählt hat oder die wir uns selbst erzählen. Wenn ich mir selbst sage, dass ich nicht liebenswert bin, rufe ich mir Erinnerungen und drum herum konstruierte Geschichten ins Gedächtnis zurück, die diese Selbsteinschätzung unterstreichen. Sage ich mir selbst, dass ich Männern, Frauen oder Autoritätspersonen nicht trauen kann, werde ich mich an Geschichten erinnern oder neue formulieren, die diese Überzeugung bestätigen. Ähnlich ist es, wenn ich glaube, ein guter Mensch zu sein. Dann denke ich an die Zeiten zurück, an die ich mich erinnere, die nun zu den Geschichten geworden sind, die ich mir selbst erzähle, um diese Annahme zu unterstützen.

Geschichten und Überzeugungen, die wir von unserer Familie mitbekommen, zeigen uns, wie wir uns an unsere Umgebung anpassen können. Sie haben die Macht, zu unserem Leid beizutragen oder uns die Kraft zu geben, die Schwierigkeiten, mit denen uns das Leben konfrontiert, zu bewältigen und ohne Schaden aus ihnen hervorzugehen.

Mythos 3: Carneys Laden

Ich habe mich entschlossen, Psychotherapie in einem gemeinnützigen Beratungszentrum zu praktizieren. Die Philosophie unseres Zentrums ist, Einzelnen, Paaren und Familien eine hochwertige Therapiemöglichkeit zu bieten – mit flexiblem Honorar, abhängig davon, was die Klienten zahlen können.

In den 50 Jahren, in denen ich in dem Zentrum gearbeitet habe, kamen und gingen viele wunderbare Kolleginnen und Kollegen. Im letzten Jahrzehnt sind einige in Rente gegangen, aber die meisten, die weggegangen sind, haben eine Privatpraxis eröffnet. Ich habe auch oft darüber nachgedacht, weil klar ist, dass das lukrativer wäre. Zu meinen Gründen, dem gemeinnützigen Zentrum treu zu bleiben, gehörte zweifellos ein mächtiger Mythos, der meine Familie umgibt.

Was hat es mit diesem Mythos auf sich? Ich bin in einer kleinen Stadt mitten in Indiana aufgewachsen, wo die Eltern meines Vaters einen *mom-and-pop* hatten, einen Tante-Emma-Laden. An den Laden selbst erinnere ich mich nicht, da er geschlossen wurde, als ich noch ein Baby war. Das Haus, in dem der Laden gewesen war, stand aber noch auf dem Grundstück, auf dem meine Tante und mein Onkel lebten. Ihr Zuhause war zuvor das meiner Großeltern gewesen. Der Laden wurde zugemacht, als meine Großeltern älter wurden und die nächste Generation kein Interesse hatte, einen Laden zu betreiben. Es war außerdem die Zeit, als die Supermarkt-Ketten anfingen, überall im Land, auch in kleinen Städten, Filialen zu eröffnen, die Familienbetrieben wie dem meiner Großeltern die Existenz sehr erschwerten.

Carneys Laden hat alle sechs Enkel meiner Großeltern beeinflusst, obwohl der Älteste von uns noch nicht einmal in die Schule ging, als er geschlossen wurde. Mich beeindruckten am meisten die Geschichten, die ich von Leuten außerhalb meiner Familie hörte. Als Teenager habe ich einige Male Leute getroffen, die die Große Depression der 1930er Jahre und den Zweiten Weltkrieg überlebt hatten und mich, wenn ich mich vorstellte, mit einem Ausdruck von Ehrfurcht anschauten. Sie fragten immer, ob ich mit Joe Carney verwandt sei. Ich sagte: »Ja, mein Vater heißt Joe Carney und auch mein Großvater heißt Joe Carney.« Dann fragten sie, ob das *der* Joe Carney sei, dem Carneys Laden gehörte.

Nachdem ich das bejaht hatte, fingen sie an, mir Geschichten zu erzählen. Ich erfuhr, wie meine Großeltern während der Depression und des Krieges Lebensmittel verteilten, auch wenn die Leute sie nicht bezahlen konnten. Meine Großeltern sagten ihnen, sie sollten sich keine Sorgen machen. Sie würden ihre Schulden aufschreiben und sie könnten sie begleichen, sobald es möglich wäre. Diese Fremden sagten dann noch, dass ihre Familien vielleicht verhungert wären, wenn meine Großeltern nicht so großzügig gewesen wären. Einer erzählte sogar, dass meine Großeltern seiner Familie alle Schulden erlassen hätten. Um ihre eigenen Rechnungen bezahlen zu können, haben meine Großeltern mit Wertgegenständen aus ihrem Besitz Tauschhandel betrieben. Ich erinnere mich, wie mir meine Großmutter erzählte, wie dankbar sie gewesen war, Leuten in diesen traurigen und schwierigen Zeiten helfen zu können. Meine Großeltern haben nicht nur Leuten in Not zu Essen verholfen, sondern ihr Haus auch für die geöffnet, die eine Unterkunft brauchten. Einige dieser Leute konnten ein wenig zahlen, andere aber nicht.

Aus diesem Mythos entstand das Familienmotto: »Es ist wichtig, denen zu helfen, die in Not sind, unabhängig davon, ob sie zahlen können oder nicht.« Es ist daher kein Wunder, dass ich all die Jahre als Psychotherapeutin in einem gemeinnützigen Beratungszentrum praktiziert habe.

Familiengeschichten und -mythen vermitteln oft die Werte, die einer Familie besonders wichtig sind. Ein solcher Wert, den mein Vater besonders hochgehalten hat und über den er auch oft gesprochen hat, ist Integrität.

Wenn ich an meinen Vater und das Thema »Integrität« denke, fällt mir die folgende Geschichte ein: Als junger Mann arbeitete mein Vater im Laden der Großeltern. Er lernte dabei die Lieferanten gut kennen. Einmal erzählte ihm einer von ihnen, dass eine Softdrink-Firma in unserer Stadt eine Abfüllanlage errichten werde. Er fragte meinen Vater, ob er die Anlage als Franchiseunternehmen übernehmen wolle. (Ich bin nicht sicher, ob es um ein »Franchise« ging oder was für ein Begriff damals üblich war.) Hätte mein Vater die Gelegenheit ergriffen, wären wir ziemlich reich geworden.

Mein Vater schlug aber die Gelegenheit aus – zum Teil, weil er glaubte, dass das Produkt dem Körper schaden würde. Er sagte, er könne das Zeug nicht mit gutem Gewissen abfüllen und verkaufen, auch wenn er damit die Aussicht auf einen großen finanziellen Segen aufgebe.

Die Abfüllanlage wurde unweit von unserem Haus gebaut. Wir kamen jeden Tag daran vorbei. Die Familie, die sie übernommen hatte, wurde ziemlich reich. Ich erinnere mich, dass ich manchmal dachte, mein Vater habe eine »dumme« Entscheidung getroffen, als er diese Möglichkeit ausschlug. Inzwischen verstehe ich, dass mein Vater damit seine Integrität geopfert hätte. Er hätte gegen sein eigenes Wertesystem gehandelt. Für ihn war es wichtig, dass sein Verhalten im Einklang mit seinen Werten und Überzeugungen stand. Die Geschichte hat also mit Integrität zu tun. Ich habe sie mir zu Herzen genommen. Integrität gehört weiterhin zu den Werten, die ich am meisten schätze.

Ich erzähle Ihnen diese Geschichten, weil ich glaube, dass sie die Macht zeigen, die unsere Familiengeschichten und -mythen über unser Leben haben, seien sie wahr oder erfunden.

Familienmottos

Aus manchen Familienmythen werden Familienmottos. Es amüsiert mich, wie viele von ihnen das Leben meiner Familie beeinflussten:

»Geben ist besser als Nehmen.«

»Integrität steht über allem.«

»Gib nur aus, was du verdient hast.«

»Ein Penny für die Vorsorge ist so viel wert wie ein Dollar für die Heilung.«

Der Lieblingsspruch meiner Mutter war: »Denke daran: Heute ist das Morgen, um das du dir gestern Sorgen gemacht hast.«[2] Der Spruch drückte aus, was meine Mutter glaubte: Sich Sorgen machen ist eine Verschwendung von Zeit und Energie. Ich bin sehr dankbar, diese Lektion schon sehr früh in meinem Leben gelernt zu haben.

Ich könnte die Liste der Familienmottos noch weiter fortsetzen. Als ich nachgeforscht habe, wie sie entstanden waren, wurde mir klar, dass viele aus den Geschichten und Mythen stammen,

2 Der Spruch wird in Zitatensammlungen Dale Carnegie zugeschrieben, gelegentlich auch Euripides. (Anm. d. Ü.)

die in meiner Familie von Generation zu Generation weitergegeben wurden.

Wenn ich heute junge Familien anschaue, bin ich beunruhigt, weil es ein Defizit beim Teilen von Familiengeschichten und -mythen gibt. Alle scheinen sich mehr für die Geschichten zu interessieren, die auf kleinen Geräten wie iPads und Smartphones oder auf dem gigantischen Fernsehbildschirm erzählt werden. Obwohl: Ich muss einräumen, dass ich beeindruckt war, als mein sechs Jahre alter Enkel dachte, er müsse mir Unterricht in griechischer Mythologie erteilen und mir erklären, wie sie mit den Sternbildern zusammenhängt. Das war etwas, was er mit so einem Gerät gelernt hatte.

Ich bitte Sie dringend: Schalten Sie diese Geräte ab, und *reden* Sie miteinander! Eltern und Großeltern, erzählen Sie Ihre Geschichten und Mythen. Ja, Sie werden sich dabei wiederholen. Und ja, das Geschichtenerzählen wird die Nachkommen vielleicht »langweilen«. Machen Sie es trotzdem. Fragen Sie sie in 20 Jahren noch mal, ob es das wert war.

Familientraditionen und -rituale

Definition von »Tradition«

1. Tradition ist eine der entscheidenden Eigentümlichkeiten, die den Menschen zum Menschen machen.
2. Der Mensch lebt von den Erfahrungen, Fähigkeiten, Kenntnissen und Einsichten seiner Vorfahren, die von Geschlecht zu Geschlecht weitergegeben und neu erprobt werden.
3. Die Tradition macht den Menschen zum geschichtlichen Wesen, sie schafft in der Kultur eine Lebensform, die über

> die Spanne des Einzellebens hinaus Bestand hat und die soziale Ordnung begründet.[3]

Jede Kultur verfügt über Traditionen und Rituale und es gibt viele Überschneidungen zwischen beiden. Rituale sind in die Traditionen eingebettet und Traditionen sind gewöhnlich mit Ritualen verbunden, die dafür wesentlich sind. Die Teilnahme an Ritualen hilft uns, Ängste zu lindern, die oft mit Veränderungen verbunden sind. Traditionen liefern Stabilität und sorgen in einer Welt, die sich ständig ändert und immer wieder mal chaotisch ist, für ein Gefühl der Identität und Zugehörigkeit. Sie werden im Allgemeinen von Generation zu Generation weitergegeben und immer wieder in der Praxis umgesetzt. Rituale liefern einen Sinn und sind mächtig, weil sie etwas in uns entzünden, was Worte und Handlungen übersteigt – oft in mysteriöser und für einige sogar in spiritueller Weise.

Natürlich sind nicht alle Traditionen und Rituale für alle Teilnehmer von großer Bedeutung. Für manche stellen sie eine lästige Verpflichtung dar, die mit Stress oder unangenehmen Vorahnungen verbunden ist.

Rituale sind oft Teil einer Tradition, sie können aber auch als einmalige Ereignisse zelebriert werden. Ein Beispiel: Ich lebe an einem Flussufer. Als ich einzog, gab es eine wunderschöne alte Eiche, deren lange, schwere Äste bis ins Wasser des Flusses hinabreichten. Ich nannte die Eiche »Großmutterbaum«. Manchmal, wenn ich nachts nicht schlafen konnte, setzte ich mich in einen gemütlichen Stuhl und schaute hinaus auf ihre Silhouette gegen den

3 Großer Brockhaus, 1957, Bd. 11, S. 585.

Nachthimmel. Ich spürte eine starke Verbindung zu dem Baum. Seine Gegenwart tröstete und inspirierte mich.

Eines Abends, einige Jahre nach meinem Einzug, fiel die Eiche um und stürzte in den Fluss. Sie machte das so würdevoll, dass keiner der anderen Bäume oder Sträucher beschädigt wurde. Die Wurzeln waren in der Erde stecken geblieben, sodass die Böschung heil blieb. Für mich war es wichtig, ein Ritual zu schaffen, mit dem ich die Jahre würdigen konnte, in denen die Eiche mir so viel gegeben hatte. Ich wollte ihren Übergang von der Böschung, wo sie sich über viele der anderen Bäume erhoben hatte, in den Fluss zelebrieren.

Ich bat einen Freund, der indigene Kulturen studiert hatte, mir beim Schaffen eines Rituals zu helfen. Wir verbrannten Salbei und spielten auf unseren hölzernen Flöten. Wir besangen den Baum. Wir segneten ihn und seine wunderbare Energie. Obwohl ich traurig war, hatte ich das Gefühl, vollständig zu sein. Vollständig, weil ich die Existenz des Baumes geehrt hatte und all das, was er mir bedeutet hatte.

Ich ermutige auch meine Klienten, sich Rituale zu schaffen, die helfen, sich selbst, eine andere Person, ein Ereignis, einen Einschnitt oder eine Übergangszeit im Leben zu würdigen. Einer der wichtigen Aspekte beim Schaffen eines Rituals ist, dass man Vergangenheit, Gegenwart und Zukunft ehrt. Ich rate auch dazu, so viele Sinne wie möglich einzubeziehen, weil ich glaube, dass das erleichtert, völlig in das Ritual einzutauchen, statt es einfach nur zu absolvieren.

Ein Ritual, an das ich mich noch Jahre später erinnere, stammte von einer Klientin, die kürzlich geschieden worden war. Sie hatte einen Sohn, der die erste Weihnachtszeit nach der Scheidung mit ihr verbracht hatte. Sie fürchtete sich sehr vor der nächsten Weihnachtszeit, die das Kind beim Vater verbringen würde. Der Gedanke daran war für sie verheerend. Ich ermutigte sie, über Wege nachzudenken, sich um sich selbst zu kümmern. Wir sprachen zahlreiche Varianten durch. Meine Klientin entschied sich dafür, ein einmaliges Ritual zu entwerfen, statt im Bett zu bleiben und sich die Decke über den Kopf zu ziehen. Es war ihr klar, dass sie nicht mit anderen Familienmitgliedern oder Freunden zusammen sein wollte. Sie musste unbedingt allein sein und etwas schaffen, das einmalig und für sie passend war. Sie beschloss, an einen Strand zu fahren, der mit dem Auto schnell zu erreichen war, ein paar Filme einzupacken, die sie am Weihnachtstag ansehen könnte, und auch Kerzen, Tücher und andere Gegenstände mitzunehmen, die für das Ritual bereitstehen sollten.

Als ich meine Klientin vor den Feiertagen traf, hatte ich den Eindruck, dass sie gut vorbereitet war und Weihnachten überstehen würde, wenn auch schweren Herzens. Als ich sie nach den Feiertagen traf, strahlte sie Wohlbehagen und Frieden aus. Sie erzählte mir, dass sie am leeren Strand ein wunderbares Ritual zelebriert hatte. Mit den Kerzen und den Tüchern hatte sie einen Tanz aufgeführt. Bei ihrem ungehemmten Tanz atmete sie die Strandluft ein und spürte mit den Füßen »Mutter Erde«. Sie hörte und sah die Wellen des Meeres und spürte die Wärme der Sonne auf ihrem Gesicht. Sie beschrieb mir ihre Erfahrung in einer Weise, die mir klarmachte, dass ihr Ritual ihr bei dem Übergang von der Ehe und der Existenz als Vollzeitmutter zum Dasein als geschiedene Teilzeitmutter geholfen hatte. Das war großartig. Die Geschichte ihres Übergangsrituals inspiriert mich immer noch.

So bedeutungsvoll und ergiebig Traditionen und Rituale sein können: Es gibt auch Situationen, in denen Familientraditionen Stress verursachen. Das kann auf ganz unterschiedliche Weise erfolgen. Von einer Möglichkeit ist oft in der Therapie die Rede: Zwei Menschen aus verschiedenen Kulturen und mit verschiedenen Familientraditionen werden zu einem Paar. (Ich behaupte, dass bei *jedem Paar* die beiden aus zwei verschiedenen Kulturen stammen.) Die zwei, die das Paar bilden, müssen entscheiden, wie sie jetzt als neue Familie weitermachen wollen, während sie weiterhin mit den Familien verbunden bleiben, aus denen sie stammen. Das neue Paar muss nicht nur aushandeln, inwieweit es weiterhin an den Traditionen beider Herkunftsfamilien teilnimmt, sondern auch, welche neuen Traditionen und Rituale es einführen möchte.

Wenn eine Frau zum Beispiel in einer Familie aufgewachsen ist, die genau am Tag der Geburt ihren Geburtstag groß feiert, während der Mann, den sie heiraten will, aus einer Familie kommt, in der Geburtstage nur bescheiden und auch nicht unbedingt am »richtigen« Tag gefeiert werden, ist es gut möglich, dass der unterschiedliche Umgang mit Geburtstagsfeiern in der Beziehung zu Problemen führt.

Wer es gewohnt ist, dass sein Geburtstag am »richtigen« Tag groß gefeiert wird, reagiert möglicherweise verletzt, wenn der Partner das missachtet. Das Geburtstagskind ist vielleicht in der Lage, das zu rationalisieren, und versucht, sich einzureden, dass es nicht enttäuscht, traurig oder verärgert ist. Es kann die Gefühle als kindisch abtun, aber sie haben möglicherweise trotzdem Bestand. Wer diese Art von Enttäuschung erfährt, wird sich gewöhnlich zurückziehen und sich vom anderen distanzieren oder ihn angreifen wollen. Das Geburtstagskind wird seine Enttäuschung vermutlich auf eine Weise ausdrücken, die den anderen vor den Kopf stößt, etwa durch Schmollen (Distanzierung) oder Kritisieren (Angriff). Distanz und Leid sind auf jeden Fall die Folge. Das Paar braucht Geduld, Verständnis und den Willen, zu kooperieren und den Konflikt auszuhandeln, um sich zu entscheiden, inwiefern es die alten Familientraditionen einbeziehen und neue, eigene entwickeln will.

Traditionen und Rituale um Sterben und Tod

Es gibt kulturelle, religiöse und familiäre Traditionen und Rituale für die Trauer um Tote, es ist aber auch wichtig, Wege zu finden, auf denen man andere Verluste verarbeiten kann. Jeder Übergang oder Einschnitt im Leben, mag er auch noch so vielversprechend sein, enthält die Möglichkeit des Verlustes. Man kann überglücklich über das Eheversprechen »bis dass der Tod uns scheidet« sein. Mit diesem Versprechen gibt man aber auch etwas auf. Dieses »Etwas« kann die persönliche Freiheit sein oder etwas weniger Wichtiges, wie etwa die Gewohnheit, Popcorn zu Abend zu essen. Ich staune immer wieder, wie viele alleinstehende Frauen es in meiner Umgebung gibt, die das tun, aber mir hat noch kein Paar gesagt, dass es mal Popcorn zu Abend gegessen hätte. Es ist durchaus möglich, dass das passiert, ich habe es nur noch nicht mitbekommen.

Ich möchte noch einige andere Verluste mit einbeziehen: den Verlust eines geliebten Haustiers; den Verlust des Arbeitsplatzes, der zu dem Gefühl beitragen kann, die Identität zu verlieren; den Verlust einer wichtigen Beziehung; den Verlust der Jugend, also das Älterwerden; und den Verlust eines Traums. Diese Liste ist sicher nicht vollständig.

In unserer westlichen Kultur tendieren wir bei vielen unserer Verluste dazu, sie kleiner zu machen, als sie sind. Der Verlust eines Traumes gehört zu diesen Verlusten, die oft verharmlost werden. Wir alle träumen von etwas, was wir in Zukunft erreichen wollen. Ein solcher Traum kann es etwa sein, eine Liebesbeziehung zu beginnen, ein Kind zu bekommen, etwas Bedeutendes zu schaffen oder ein Ziel zu erreichen.

Wenn ich meinen Klienten vorschlage, ihre Depression könnte etwas mit einem Verlust zu tun haben, den sie nicht wahrhaben wollen oder um den sie sich nicht zu trauern erlauben, wirken sie oft verwirrt und überrascht. Geht es bei dem Verlust, den sie gerade verspüren, um einen Traum, sagen sie mir oft: »Wie kann ich um etwas trauern, was ich nie gehabt habe?« Ein Traum füllt uns aus und verbraucht unsere Energie. Er ist eine emotionale Investition in die Zukunft. Zum Beispiel verspüren Einzelne und Paare oft ein furchtbares Gefühl von Verlust und Trauer, nachdem sie intensive Fruchtbarkeitsbehandlungen vorgenommen haben, ohne dass ein Kind geboren wurde.

Wie schon angemerkt, gibt es in jedem Leben erwartete und unerwartete Übergänge oder Einschnitte, die oft in Traditionen und Rituale eingebettet sind, die sie erleichtern sollen. Es gibt auch Übergänge oder Einschnitte im Leben, die man als idiosynkratisch oder besonders herausfordernd und sehr »speziell« bezeichnen kann. Es ist nicht ungewöhnlich, dass jemand zur Therapie kommt, um mit Stress, Trauer, Wut und Verwirrung besser umzugehen, die durch Herausforderungen als Folge derartiger idiosynkratischer Ereignisse entstanden sind.

Evan Imber-Black führt in einer Liste Beispiele für solche Ereignisse auf: »Bikulturelle Ehe; schwule oder lesbische Ehe oder Partnerschaft; Familien, die durch eine Adoption entstanden sind, insbesondere, wenn von Familienmitgliedern offen oder verdeckt keinerlei Unterstützung kommt; Familien, die durch neuartige Geburtstechnologien entstanden sind; Geburt eines Kindes mit Behinderungen; Geburt oder Adoption eines Kindes durch eine unverheiratete Person; Fehlgeburt; erzwungene Trennung durch Krankheit, Haft oder Terror; Wiedervereinigung nach solchen Trennungen; Auswanderung oder Flucht; Ende einer nicht ehelichen Beziehung; Aufnahme in eine Pflegefamilie und Wiedervereinigung nach Rückkehr in die Herkunftsfamilie; plötzlicher, unerwarteter oder gewaltsamer Tod; Selbstmord.«[4] Diese Liste spiegelt breite soziale Prozesse wider und ändert sich daher auch mit der Zeit.

Trauer kann eine ganz persönliche Reise sein – oder ein gemeinschaftlicher Prozess. In beiden Fällen ist es wichtig, diesem Prozess seinen Lauf zu lassen. Wir kommen nicht über die Trauer hinweg, wir gehen durch sie hindurch. Wie viel Zeit nötig ist, durch die Trauer zu gehen, ist bei jedem anders. Geht es um den Tod eines Familienmitglieds, werden die einzelnen Hinterbliebenen ihre Trauer auf ganz unterschiedliche Weise ausdrücken und zu ganz unterschiedlichen Zeiträumen durch die Trauer gehen. Diese Unterschiede können innerhalb der Familie zu Spannungen und Frustrationen führen. Es gibt in dieser Situation aber keine Regeln für einen »richtigen Weg«. Wichtig ist es, sich selbst und anderen gegenüber verständnisvoll und geduldig zu sein. Rituale

---

4 Imber-Black: Creating Meaningful Rituals, 1999, S. 204. Vgl. auch Imber-Black: Rituale in Familien und Familientherapie, 1993.

können einen wichtigen Anteil am Heilungsprozess haben. Das Schlüsselwort ist hier wirklich »Prozess«. Es ist nicht mit einer kurzen, einmaligen Reaktion abgetan.

Ich hatte Klienten, die mir sagten: »Ich weiß nicht, wie ich trauern soll.« Meine Antwort war: »Natürlich wissen Sie es. Sie sind ein Mensch. Wir kommen auf die Welt und wissen, wie man trauert. Sie müssen sich selbst aus dem Weg gehen und Ihre Trauer zulassen.«

Entstammt ein Trauerritual der eigenen Kultur, Religion oder Familientradition, ist es sehr hilfreich, es irgendwie zu personalisieren, damit es für den Trauernden an Bedeutung gewinnt. Wenn Sie selbst oder zusammen mit anderen ein Trauerritual schaffen wollen, sollten Sie sich Zeit nehmen und fühlen und denken, was Sie von diesem Ritual wollen und brauchen. Geben Sie sich Zeit und Raum, um zu trauern.

Erinnern Sie sich daran, dass Trauern Energie kostet und Sie sich desorientiert fühlen können. Das ist normal. Seien Sie geduldig mit sich und anderen. Es ist auch wichtig, nicht in Trauer zu versinken. Das kann passieren, wenn Sie versuchen, Ihre Trauer zu unterdrücken. Sie müssen die Trauer zulassen und sie spüren, um durch sie hindurchgehen zu können.

Holen Sie sich Hilfe von anderen, wenn Sie trauern. Halten Sie die Verbindung zu Menschen, Haustieren, Pflanzen und anderen lebenden Wesen aufrecht. Es kann nützlich sein, die Trauer durch Malen, Musizieren und Schreiben auszudrücken.

Als Therapeutin hatte ich schon das Privileg, Klienten dabei zu helfen, bedeutungsvolle Rituale zu entwickeln, die ihnen Übergänge im Leben erleichtern, für die sie oft keine klaren, traditionellen Vorgaben vorfinden.

Rituale helfen uns, Übergänge zu bewältigen, Verbindungen zu knüpfen und zu wachsen.

Schaffen Sie welche! Hüten Sie sie wie einen Schatz.

Sie sind Nahrung für die Seele!

Bedeutungen

Die Erforschung Ihrer Familiengeschichten und -mythen und deren Wirkung auf Sie kann zu einem tieferen Verständnis und zur Wertschätzung des Wegs führen, der Sie zu der Person gemacht hat, die Sie sind. Noch wichtiger als die Geschichten und Mythen selbst sind aber die Bedeutungen, die wir ihnen verleihen.

Das ist eine gute Nachricht, denn wir haben vielleicht nicht die Kraft, eine Familiengeschichte oder einen Familienmythos zu ändern, aber wir haben die Kraft, zu entscheiden, welche Bedeutung wir der Geschichte und dem Mythos verleihen.

Ich erinnere mich an einen Ausspruch der amerikanischen Bürgerrechtlerin Maya Angelou: »Du kannst nicht alle Ereignisse kontrollieren, die dir widerfahren. Aber du kannst entscheiden, dich nicht von ihnen einschränken zu lassen.«[5]

Ein Klient in seinen späten 50ern kam zu mir in die Therapie, weil er an einer schweren Depression litt. Wie immer interessierte ich mich für die ausführliche Familiengeschichte. Dabei frage ich die Klienten oft auch nach Familienmythen oder wichtigen Geschichten, die über ihre Familien im Umlauf sind. Mein Klient

5 Angelou: Letter To My Daughter, 2010, S. xii. Fünf Bände der *Memoires* von Maya Angelou sind in deutscher Übersetzung bei Suhrkamp erschienen. Der sechste und letzte Band *Mit jedem Schlag unserer Flügel* ist in Vorbereitung. (Anm. d. Ü)

erzählte mir eine solche Geschichte, deren Botschaft war, dass das Leben ein immerwährender Kampf ohne Atempausen ist.

Als er weitererzählte, was gerade in seinem Leben vorging, wurde klar, dass er sich in einem permanenten Angstzustand befand, weil er ständig auf die nächste Hiobsbotschaft wartete. Das führte zu einer schweren Depression. Als wir uns mit diesem Phänomen befassten, wurde ihm bewusst, dass es in seinem Leben keinen Platz für Freude gab. Er war so sehr auf die möglicherweise desaströse Zukunft fixiert, dass er sich nie im Hier und Jetzt aufhielt, wo die Freude ihren Platz hätte.

Er hatte sich seine Familiengeschichte wirklich zu Herzen genommen und die traurige Bedeutung übernommen, die die Familie den Geschichten rund um Einwanderung und vorzeitige Todesfälle verliehen hatte. Alles Geschichten, die angeblich auf Fakten beruhten. In der Tat: alles sehr traurig.

Im Verlauf unserer weiteren Arbeit konnte mein Klient die Geschichte Geschichte sein lassen. Er beschloss, dass er die Bedeutung, die seine Familie dem Leben zuschrieb, nicht teilen musste. Er beschloss, im Leben mehr zu sehen als einen Kampf nach dem anderen ohne einen Platz für irgendetwas außer Elend. Seine neue Deutung der Familiengeschichte war, dass sie von einer traurigen und schweren Zeit in der Vergangenheit handelte, die aber kein Rezept für seine Zukunft war.

In kleinen Schritten erlaubte er sich, in der Gegenwart anzukommen. Er lernte, darauf zu achten, wenn er seine Ängste schürte, indem er in der Zukunft lebte, und in Depressionen verfiel, indem er in der Vergangenheit lebte. Ich arbeitete mit ihm daran, sein Denken und Verhalten so zu ändern, dass er in der Gegenwart leben konnte und weniger von Ängsten und Depressionen beherrscht wurde. Weil unsere Geschichten nie zu Ende erzählt sind, regte ich ihn an, ganz bewusst weiter an seiner Geschichte zu schreiben und darin Deutungen und Bedeutungen zu finden, die ihm guttun und ihn inspirieren.

Bevor wir uns selbst befreien können, müssen wir wissen, wovon wir uns befreien. Dann können wir von unserem befreiten Selbst Besitz ergreifen. Wie Toni Morrison in ihrem Buch *Menschenkind* feststellt: »Sich zu befreien war eine Sache; von diesem befreiten Selbst Besitz zu ergreifen eine andere.«

Neue Geschichten zu erfinden und weiterzuentwickeln oder vorhandene Geschichten neu zu interpretieren, gibt uns die Kraft, uns selbst von Drehbüchern zu befreien, die uns nichts mehr nutzen.

Fragen zu Geschichten, Mythen und Ritualen

1. Finden Sie einige Ihrer Familiengeschichten und -mythen heraus. Wie wurden Sie durch sie beeinflusst? Wollen Sie die Bedeutung ändern, die Sie oder Ihre Familie ihnen gegeben haben? Wenn ja: Wie sieht die neue Bedeutung aus?
2. Welche Lebensmottos haben Sie von Ihrer Familie mitbekommen? Welche haben Sie übernommen, um danach zu leben (oder um *nicht* danach zu leben)? Gibt es andere Lebensmottos, die Sie übernehmen wollen?
3. Welche Traditionen und Rituale waren für Ihre Familie wichtig? Welche davon bleiben heute noch für Sie wichtig? Welche haben für Sie keine Bedeutung mehr?
4. Haben Sie irgendwelche neuen Traditionen geschaffen oder wollen Sie welche schaffen?

5. Beschreiben Sie neue Rituale, die Sie geschaffen oder an denen Sie teilgenommen und die zu Ihrem Wachstum und Ihrer Heilung beigetragen haben.
6. Fällt Ihnen etwas ein, wofür Sie gern ein Ritual schaffen würden?

*****

May the Force
be with you.

»Möge die Macht mit dir sein!«

Epilog

Mein Mentor Richard E. Felder hat oft diese Frage gestellt: »Ist nicht *jede* Therapie Familientherapie?« Meine Antwort: »*Ja!*«

Kein Mensch kann völlig für sich sein. Wir sind biologisch so programmiert, dass wir vom Anfang unserer Existenz an Beziehungen brauchen. Wir werden von anderen beeinflusst und wir beeinflussen andere.

Der Zweck einer Therapie ist, das Wachstum, den Wandel und die Heilung der Klientinnen und Klienten zu fördern. Carl Rogers, der Begründer der Humanistischen Psychologie, arbeitete auf der Basis des Glaubens, dass wir Menschen eine angeborene Fähigkeit für Wachstum und Heilung haben.[1] Die Humanistische Psychologie und die Familiensystemtheorie haben beide das medizinische Modell angefochten, Patienten für pathologisch oder krank zu halten. Diese therapeutischen Modelle sehen vielmehr die Klienten als fähige Lebewesen, die sich um Ganzheit bemühen und dabei von ihren früheren und gegenwärtigen Beziehungen unterstützt oder behindert werden. Mit anderen Worten: Die Familiensystemtheorie sieht das menschliche Leiden als das Resultat von Beziehungsmustern und -erfahrungen, fast mehr noch als von Krankheiten oder Defiziten.

Ich hoffe, das Buch hat Sie durch die Darstellung einiger Grundprinzipien der Familiensystemtheorie dabei unterstützt,

---

1 Rogers: Entwicklung der Persönlichkeit, 1973.

das Funktionieren Ihres Familiensystems zu durchschauen. Diese Wahrnehmung und das Verständnis Ihrer Familie soll Sie befähigen, die Person zu sein, die Sie sein wollen – und zwar sowohl im Zwischenmenschlichen als auch im Individuellen. Das oberste Ziel jeder Person ist es, die eigene Innenwelt besser zu verstehen, indem sie die Beziehung zu ihrer Familie versteht.

Ein letzter Gedankenanstoß: Ich würde gern wissen, wie viele der Leserinnen und Leser dieses Buches aus Familien stammen, die Selbstwahrnehmung für nützlich halten. Und wenn Sie nicht aus so einer Familie stammen: Wie kamen Sie dazu, Selbstwahrnehmung für wertvoll zu halten?

Und eine Warnung: Lassen Sie sich nicht von der Vergangenheit oder der Zukunft gefangen nehmen. Schauen Sie dort nur zu Besuch vorbei. Ihre Kraft, mit der Sie das Leben in seiner ganzen Fülle erfahren können, finden Sie in der Gegenwart.

Der Gang ins Zentrum des Labyrinths unseres Lebens und aus ihm heraus erlaubt uns, ganz bewusst eine befriedigendere Zukunft zu entwerfen.

*****

Als ich 19 war, war ich einmal auf dem Weg zu einem Platz auf der anderen Seite des riesigen Campus der Universität von Indiana. Ein Mann auf einem Motorrad, den ich für einen Kommilitonen hielt, fragte, ob er mich mitnehmen könne. Damals hielt man ein solches Angebot eines Fremden nicht für so gefährlich wie heute. Ich war froh und nahm es an und er brachte mich dorthin, wo ich hinwollte. Ich stieg vom Motorrad und bedankte mich. Er überreichte mir ohne ein weiteres Wort ein auf der Schreibmaschine getipptes Gedicht. Ich habe es jahrelang mit mir herumgetragen und oft auch meinen Klienten vorgelesen – insbesondere die letzte Zeile.

Koste jeden Tag voll aus

Koste jeden Tag voll aus.
Hole alles aus jeder Stunde heraus, aus jedem Tag
und aus jedem Alter deines Lebens.

Dann kannst du voll Vertrauen nach vorn schauen
und zurück ohne Bedauern.

Sei du selbst – aber sei dein bestes Selbst.
Wage es, anders zu sein, und folge deinem eigenen Stern.

Und hab keine Angst, glücklich zu sein. Genieße, was schön ist.
Liebe mit ganzem Herzen und ganzer Seele.

Glaube, dass die, die du liebst, auch dich lieben.

Vergiss, was du für deine Freunde getan hast,
erinnre dich an das, was sie für dich getan haben.

Denk nicht an das, was die Welt dir schuldet,
konzentrier dich auf das, was du der Welt schuldest.

Stehst du vor einer Entscheidung,
triff sie so klug wie möglich – und dann vergiss sie!

Der Augenblick der vollkommenen Gewissheit wird nie kommen.

S. H. PAYER

Danksagung

Ich möchte all denen danken, die von 1972 bis heute Teil des Link Counseling Center in Atlanta waren. Dazu gehören die Klientinnen und Klienten, mit denen ich arbeiten durfte, die Studierenden, die Supervisandinnen und Supervisanden sowie die Supervisorinnen und Supervisoren, das klinische Personal, die Mentorinnen und Mentoren und auch das Verwaltungspersonal und die ehrenamtlichen Helferinnen und Helfer. Sie haben mein Leben über alle Maßen privat und professionell bereichert.

Ich danke meiner lieben Freundin Catherine McCall, ebenfalls eine Familientherapeutin und Autorin des Buches *Never Tell. A True Story of Overcoming a Terrifying Childhood.* Als ich beschloss, mein Buchmanuskript wieder hervorzuholen, gab ich Cathy den Rohentwurf der ersten drei Kapitel, die ich über ein Jahrzehnt zuvor geschrieben hatte. Sie war so freundlich, mir nicht zu raten, alles in den Abfallkorb zu werfen. Und sie dachte, die Idee habe »Potenzial«. Das gab mir den Anstoß, das Buch zu Ende zu schreiben.

Ich danke Carol Powell und Cheryl Simon, die mir schon sehr früh liebenswürdigerweise angeboten haben, das Manuskript zu lesen, zu überarbeiten und mir Feedback zu geben.

Mein Dank gilt auch den vielen Familienmitgliedern, Freundinnen und Freunden, die mich ermutigt und an mich geglaubt haben.

Große Wertschätzung gilt meiner Literaturagentin Emmanuelle Morgan von der Stonesong Literary Agency dafür, dass auch sie an mein Buch geglaubt und mir geholfen hat, einen Verlag zu finden, der sich der Aufgabe widmete, das Buch »auf die Welt« zu bringen.

Mein Dank gilt der Lektorin Haven Iverson von Sounds True Inc. für ihre professionelle Unterstützung, ihren Enthusiasmus und ihren Glauben an das Potenzial meines Buches, einzelnen Menschen und Familien zu helfen. Ich danke allen Mitarbeitenden von Sounds True Inc., die immer ansprechbar waren und mich mit ihrem Wissen, ihrer Sachkunde und Professionalität durch den Prozess der Veröffentlichung des Buches begleitet haben.

Glossar

Ausagieren

Unter Ausagieren versteht man das problematische Handeln von Personen, die auf diese Weise unbewusste Gefühle und Spannungen auszuleben und abzubauen versuchen. Sie sind verhaltensauffällig, benehmen sich schlecht und schlagen über die Stränge.

Autonomie

Autonomie ist die Freiheit, eigene Gedanken, Gefühle und Handlungen zu haben.

Beziehungsabbruch, Trennung

Der Beziehungsabbruch ist der emotionale Rückzug oder die Flucht aus einer Familie oder vor einem Familienmitglied. Dabei ignoriert man, dass nach wie vor eine emotionale Verbindung zur Familie besteht, die Probleme verursachen kann.

Bindungstheorie (attachment theory)

Die Bindungstheorie ist ein psychologisches Modell, das versucht, die lang- und kurzfristige Dynamik von zwischenmenschlichen Beziehungen zu beschreiben.

Detriangulierung

Detriangulierung ist der Abschied aus einer ⇨Triade und damit das bewusste Verlassen einer Position, in der man sich mit einem Familienmitglied gegen ein anderes verbündet hat.

Differenzierung

Differenzierung des Ichs oder des Selbst ist die Trennung des eigenen intellektuellen und emotionalen Funktionierens von dem der

Familie. Die Differenzierung ermöglicht, die eigenen Gedanken und Gefühle zu erkennen und Entscheidungen zugunsten des eigenen Ichs zu treffen. Das Gegenstück ist ⇨Verschmelzung.

Dreieck

Das Dreieck ist ein System aus drei Personen, das entsteht, wenn ein System aus zwei Personen (⇨Dyade) unter Stress steht und zur Stabilisierung eine dritte Person heranzieht. Die Dyade wird zur ⇨Triade.

Dyade

Eine Dyade ist die kurz- oder langfristige Beziehung zwischen zwei Personen.

Dysfunktion, Fehlfunktion, Unterfunktion

Dysfunktionen sind Störungen oder Beeinträchtigungen der Fähigkeit, mit einer Situation zurechtzukommen. Sie treten besonders unter Stress auf.

Familie: erweiterte Familie

Zur erweiterten Familie (oder Großfamilie) gehören alle verwandten und verschwägerten Familienmitglieder über die ⇨Kernfamilie hinaus, also Enkelinnen und Enkel, Großeltern, Onkel, Tanten, Cousins und Cousinen.

Familie: Herkunftsfamilie, Ursprungsfamilie

Die Herkunftsfamilie ist die Familie, in die man hineingeboren wurde oder durch Adoption hineingelangte. Sie ist in der Regel von ihrer Struktur her eine ⇨Kernfamilie. Die Herkunftsfamilie wird auch als Ursprungsfamilie oder Primärfamilie bezeichnet.

Familie: Kernfamilie

Die Kernfamilie besteht aus den Eltern (oder einem Elternteil) und ihren Kindern. Sie funktioniert als Familieneinheit und lebt zusammen in einem Haushalt.

Familienlandkarte

Eine Familienlandkarte ist in Anlehnung an das Genogramm die Kartierung oder Skizzierung der Beziehungen und generationenübergreifenden Verhaltensmuster einschließlich ihrer Weitergabe in einem Familiensystem, also ein familiäres Psychogramm. Auch: Familiensystemkarte, Familienkarte, Konfliktlandkarte.

Familiensystemtherapie

Die Familiensystemtherapie ist eine psychologische Theorie, die die Familie als emotionale Einheit der Beziehungen ihrer Mitglieder untereinander sieht und sie aus der historischen und generationenübergreifenden Perspektive betrachtet. Die Familiensystemtheorie konzentriert sich auf die Dynamik der Beziehungen und die Organisation des Familiensystems, also seine Hierarchien und seine Funktionsweise.

Generationenübergreifender Prozess

Generationenübergreifende Prozesse umfassen die Weitergabe von Glaubenssätzen, Regeln, Verhaltensweisen, Interaktionsmustern, vorgegebenen Rollen und Funktionen über eine oder mehrere Generationen einer Familie.

Genogramm

Ein Genogramm ist die Skizze der Beziehungen in einer Familie über mindestens drei Generationen.

Geschwisterposition, Geburtenfolge

Die Geschwisterposition gibt den Platz des Kindes in der Geburtenfolge an. Diese Position hat einen großen Einfluss auf die Persönlichkeitsentwicklung des Kindes und seine Beziehung zu sich selbst und zu anderen.

Grenze

Eine Grenze ist die abstrakte Trennungslinie zwischen Subsystemen in der Familie und zwischen der Familie und der Außenwelt.

Identifizierter Patient

Der identifizierte Patient ist das Familienmitglied mit dem akuten »Problem«, das therapiert werden soll. Oft ist es der ⇨Sündenbock der Familie.

Intrapsychisch

Intrapsychisch sind Prozesse in der Psyche oder im Geist einer Person, insbesondere wenn die Person sich mit Kräften in ihrem Inneren auseinandersetzt, die in Widerspruch zueinander stehen.

Lebensphase, Entwicklungsstufe

Die Lebensphasen oder Entwicklungsstufen der Familie beziehungsweise des Familiensystems ergeben sich durch die Lebensphasen oder Entwicklungsstufen (Geburt, Heirat, Tod etc.) der Familienmitglieder.

Macht

Macht bedeutet Einfluss und Kontrolle über Menschen, Prozesse und deren Ausgang.

Ritual

Rituale sind Inszenierungen, die wichtige Ereignisse, Einschnitte oder Übergänge im Leben begleiten und/oder helfen, schwierige Situationen (wie beispielsweise einen Todesfall) besser zu bewältigen.

Struktur

Die Struktur einer Familie umfasst die Organisation ihrer Grenzen und Hierarchien.

Subsystem

Ein Subsystem ist eine Gruppierung mit eigenen Funktionen und Rollen innerhalb eines größeren Systems.

Sündenbock

Oft ist es der ⇨identifizierte Patient, der als Sündenbock der Familie für alles Fehlverhalten und alle Fehler der anderen verantwortlich gemacht wird.

System

Als System bezeichnet man die Organisation interagierender Personen oder Dinge.

System: geschlossenes System

Die Mitglieder eines geschlossenen Systems verweigern Beziehungen zu Menschen außerhalb des Systems. Diese Absage an Veränderungen erhöht die Wahrscheinlichkeit, dass Mitglieder des Systems mental, emotional und innerhalb ihrer Beziehungen leiden.

System: offenes System

Im Gegensatz zum ⇨geschlossenen System hat ein offenes System flexible, durchlässige Grenzen, die die Interaktion zwischen den Mitgliedern des Systems, den Subsystemen und auch mit der Welt jenseits des Familiensystems erlauben.

Triade

Eine Triade ist eine Beziehung zwischen drei Personen.

Triangulierung

Unter Triangulierung versteht man die Bildung einer ⇨Triade aus einer ⇨Dyade, um die Ängste in ihr zu vermindern und Stabilität zu erzeugen. Die ⇨ Detriangulierung löst die Triade auf.

Überinvolviert/unterinvolviert, überfunktionierend/ unterfunktionierend
Überinvolviert beziehungsweise unterinvolviert ist jemand, der über ein »gesundes« Maß hinaus beziehungsweise weniger als ein »gesundes« Maß in Beziehungen involviert ist, insbesondere zwischen Eltern und ihren Kindern. Überinvolviert bedeutet auch überengagiert, behütend. Unterinvolviert bedeutet auch vernachlässigend, affektiv zurückgezogen. Eng verbunden damit sind die Begriffe »überfunktionierend« (auch übereifrig) und »unterfunktionierend« (auch vernachlässigend, dysfunktional).

Umdeutung, Neuformulierung (reframing)
Eine Umdeutung beinhaltet, problematische Verhaltensweisen aus einer positiveren Perspektive heraus neu zu beschreiben und ihnen damit eine neue Bedeutung zu verleihen.

Verschmelzung
Verschmelzung meint die Vermischung des intellektuellen und emotionalen Funktionierens eines Familienmitglieds mit dem eines anderen. Das Gegenstück ist ⇨Differenzierung.

Verstrickung
Verstrickung herrscht in einem Familiensystem mit diffusen Grenzen zwischen den Familienmitgliedern, die sich übermäßig wechselseitig in ihr Leben einmischen. Verstrickungen erschweren die Individuation und die Entwicklung von ⇨Autonomie.

Literatur

Ich ermutige Sie, damit weiterzumachen, Ihre Familie und sich selbst besser zu verstehen. Im Folgenden habe ich eine Liste von Büchern und Aufsätzen zusammengestellt, die Sie interessieren könnten. Natürlich empfehle ich auch Einzel-, Paar- und Familientherapie mit einer Therapeutin oder einem Therapeuten, der mit dem systemischen Ansatz arbeitet.

Als ich aufbrach, um Familientherapeutin zu werden, gab es an den Universitäten noch keinen Studiengang für Ehe- oder Familientherapie. Wir frühen Praktiker lernten in Workshops und Trainingsprogrammen und lasen die Bücher der Meisterinnen und Meister. Ich bin für diese Erfahrungen sehr dankbar und möchte Ihnen gern über die zitierten Bücher hinaus einige dieser Klassiker empfehlen.

Für Therapeutinnen und Therapeuten will ich noch anmerken, dass die Konzepte der Familientherapie, die ich in diesem Buch vorgestellt habe, so etwas wie die Spitze des Eisbergs sind. Ich habe die Ergebnisse aus sehr vielen Büchern zusammengefasst. Es gibt außerdem noch eine Reihe von Konzepten, die ich hier gar nicht vorgestellt habe. Ich möchte Sie daher ermutigen, mehr über die zu lesen, die Sie am interessantesten finden.

Wenn Sie sich noch nicht mit Carl Rogers' Werk zur Humanistischen Psychologie befasst haben, empfehle ich Ihnen dringend, das nachzuholen. Ich weiß nicht, ob es immer noch zum Lehrstoff der Universitäten gehört. Ich kann mir nicht vorstellen, als Therapeutin tätig zu sein, ohne Rogers' Erkenntnisse in den Mittelpunkt meiner Arbeit mit den Klienten zu stellen.

Die Bücher, die sich besonders an Fachleute richten, sind in der folgenden Liste grau markiert.

*****

Adler, Adolf: Wozu leben wir? Frankfurt a. M. 1979.

Angelou, Maya: Letter to my daughter, London 2010.

Ansbacher, Heinz / Ansbacher, Rowena (Hrsg.): Adlers Individualpsychologie. Eine systematische Darstellung seiner Lehre in Auszügen aus seinen Schriften, München 2021.

Bolton, Iris / Mitchell, Curtis: My Son … My Son … A Guide to Healing After a Suicide in the Family, Atlanta 1983; Death, Loss, or Suicide, My Son … My Son … A Guide to Healing After Death, Loss, or Suicide, Atlanta 2017.
Iris Bolton beschreibt mit der Hilfe ihres Vaters Curtis Mitchell im Einzelnen den Weg, den sie nach dem Selbstmord ihres Sohnes, der sie seelisch erschüttert hat, gegangen ist. Sie schreibt auch über ihre schrittweise Heilung. In ihrem zweiten Buch *Voices of Healing and Hope: Conversations on Grief after Suicide* von 2017 identifiziert sie acht Themen, die für alle Hinterbliebenen, die einen Selbstmord in der Familie erlebt haben, zu den schwierigsten gehören. Das Buch basiert auf einer informellen Untersuchung von Familienmitgliedern, die diese Erfahrung gemacht haben.

Boszormenyi-Nagy, Ivan / Spark, Geraldine M.: Unsichtbare Bindungen. Die Dynamik familiärer Systeme, Stuttgart 1981.

Bowen, Murray: The Use of Family Theory in Clinical Practice, in: Haley, Jay (Hrsg.): Changing Families. A Family Therapy Reader, New York 1971, S. 163–171.

Bowen, Murray: Family Therapy in Clinical Practice, New York 1978.

Bowlby, John: Bindung und Verlust, München 2006.
Bd. 1: Bindung; Bd. 2: Trennung. Angst und Zorn; Bd. 3: Verlust. Trauer und Depression.

Brockhaus, F. A., Verlag (Hrsg.): Der große Brockhaus, Wiesbaden 1953 ff.

Brown, Brené: The Gifts of Imperfect Parenting. Raising Children with Courage, Compassion, and Connection. Audioprogramm, Louisville (CO) 2013; Zugang unter https://archive.org/details/GiftOfImperfectParenting.
Dieses schöne Audioprogramm ermutigt Eltern, ihre eigenen Unzulänglichkeiten anzunehmen. Dadurch sollen sie in die Lage versetzt werden, ihre Kinder dazu zu erziehen, Mut zur Authentizität zu haben sowie sich selbst und anderen gegenüber Mitgefühl zu zeigen. Außerdem sollen die Eltern einen Geist von Verbundenheit anregen, der dem Leben wahren Sinn verleiht.

Brown-Smith, Naima: Family Secrets, in: Journal of Family Issues 19/1 (1998), S. 20–42; doi.org/10.1177/019251398019001003.

Byng-Hall, John: Evolving Ideas about Narrative. Re-editing the Re-editing of Family Mythology, in: Journal of Family Therapy 20/2 (Mai 1998), S. 133–142; doi.org/10.1111/1467-6427.00074.

Eliot, Thomas Stearns (T. S.): Little Gidding, in: ders., Vier Quartette, Wien 1952.

Felder, Richard E. / Weiss, Avrum G.: Experiential Psychotherapy. A Symphony of Selves, Maryland 1991.
Dieses Buch ist kein Klassiker der Familientheorie. Ich führe es mit auf, weil Felder mein geschätzter Mentor und Supervisor

war. Zusammen mit Carl Whitaker, Thomas Malone und anderen hat er die Atlanta Psychiatric Clinic gegründet. Das Buch beschäftigt sich mit dem Selbst des Therapeuten und der Kreativität der »Erlebnisorientierten Psychotherapie«, zu deren Vorreitern Felder und seine Kollegen gehören.

Frankl, Viktor: ... trotzdem Ja zum Leben sagen. Ein Psychologe erlebt das Konzentrationslager, München 2018.
Frankl schrieb dieses Buch 1946 nach seinen Erfahrungen in den Konzentrationslagern Theresienstadt, Auschwitz und Dachau. Er kommt zu dem Schluss, dass der Sinn des Lebens in jedem Augenblick zu finden ist. Das Leben verliert nie seinen Sinn, auch nicht im Leiden und im Tod.

Frankl, Viktor: Grundkonzepte der Logotherapie, Wien 2015.

Gennep, Arnold van: Übergangsriten, Frankfurt a. M. 1986.

Gottlieb, Lori: Vielleicht solltest du mal mit jemandem darüber reden, München 2020.
Die amüsante und sehr informative Lektüre führt die Leserinnen und Leser in die Welt der Psychotherapie ein, sowohl aus Sicht der Therapeutin als auch aus Perspektive von Klienten und Klientinnen.

Gottman, Julie S. / Gottman, John M.: 10 Principles for Doing Effective Couples Therapy, New York 2015.
Ein großartiges Buch, das die grundlegenden Schritte der Arbeit mit Paaren beschreibt.

Guerin, Philip J. / Fay, Leo F. / Burden, Susan L. / Kautto, Judith: The Evaluation and Treatment of Marital Conflict. A Four-Stage Approach, New York 1987.

Haley, Jay: Die Psychotherapie Milton H. Ericksons, Stuttgart 2010.

Hoffman, Lynn: Grundlagen der Familientherapie. Konzepte für die Entwicklung von Systemen, Hamburg 1982.

Hollis, James: What Matters Most. Living a More Considered Life, New York 2009.
Hollis führt die Leserinnen und Leser zu der Erkenntnis, was ein erfülltes, sinnvolles Leben ausmacht, in dem man als Mensch auf dieser Welt aktiv wird.

Imber-Black, Evan: Creating Meaningful Rituals for New Life Cycle Transitions, in: Carter, Betty / McGoldrick, Monica (Hrsg.): The Expanded Family Life Cycle. Individual, Family, and Social Perspectives, Boston 1999, S. 202–214.

Imber-Black, Evan: Rituale in Familien und Familientherapie, Heidelberg 1993.

Johnson, Sue: Halt mich fest. Sieben Gespräche über lebenslange Liebe, Paderborn 2019.
Dieses Buch bietet den Leserinnen und Lesern einen Zugang zu den Prinzipien der Bindungstheorie und zeigt ihnen, wie sie neue Beziehungen knüpfen und bestehende verbessern können.

Joseph, Stephen / Linley, P. Alex: Positive Therapie. Grundlagen und psychologische Praxis, Stuttgart 2011.
Joseph erklärt meisterhaft die Wichtigkeit der Arbeiten von Carl Rogers.

Kendler, Kenneth S. / Davis, Christopher G. / Kessler, Ronald C.: The Familial Aggregation of Common Psychiatric and Substance use Disorders in the National Comorbidity Survey. A Family History Study, in: British Journal of Psychiatry 170/6 (Juni 1997), S. 541–548; doi.org/10.1192/bjp.170.6.541.

Kübler-Ross, Elisabeth: Interviews mit Sterbenden, Stuttgart 1971.

Lerner, Harriet: Harriet Lerner on Mothers and Daughters. Breaking the Patterns That Keep You Stuck; Audioprogramm, Louisville (CO) 2009.

Lerner verhilft zu einem besseren Verständnis der geheimnisvollen Bindung zwischen Mutter und Tochter und zeigt auf, wie man verbunden und doch man selbst bleibt, wenn Konflikte entstehen. Sie gibt zudem eine Übersicht über bestimmte Fähigkeiten und Richtlinien, um die Muster zu ändern, in denen wir hängen bleiben.

Madanes, Cloé: Hinter dem Einwegspiegel. Fortschritte in der strategischen Therapie, Hamburg 1989.

Madanes, Cloé: Strategic Family Therapy, San Francisco (CA) 1981.

Marchiano, Lisa: Motherhood. Facing and Finding Yourself, Louisville (CO) 2021.

Marchiano nutzt ihre tiefe Kenntnis der Psychologie C. G. Jungs und der Symbolforschung, um Einblicke in zeitlose Archetypen zu geben. Sie greift dazu die alte Tradition des Geschichtenerzählens auf, um die Erfahrung der Mutterschaft zu bestärken. Marchiano lädt die Leserinnen und Leser auf eine innere Reise ein, damit sie ihre Werte klar erkennen können und Teile ihres Selbst umarmen, die sie vergessen oder verleugnet haben.

McCall, Catherine C.: Never Tell. A True Story of Overcoming a Terrifying Childhood, Scotts Valley (CA) 2014.

Dieses Buch sollten unbedingt alle lesen, die als Kind missbraucht wurden, jemanden lieben, dem das geschah, oder mit Opfern von Missbrauch arbeiten.

McGoldrick, Monica / Gerson, Randy: Genogramme in der Familienberatung, Bern 1990.

Minuchin, Salvador: Familie und Familientherapie. Theorie und Praxis struktureller Familientherapie, Freiburg i. Brsg. 1977.

Morrison, Toni: Menschenkind, Reinbek b. Hamburg 1989.

Napier, Augustus Y. / Whitaker, Carl A.: Die Bergers. Beispiel einer erfolgreichen Familientherapie, Reinbek b. Hamburg 1982. Eine großartige Einführung in die Familientherapie, in der sich die Erfahrungen der Familie Berger mit Kommentaren über den Therapieprozess und seine Auswirkungen auf Klienten und Therapeuten abwechseln.

Papernow, Patricia: Surviving and Thriving in Stepfamily Relationships. What Works and What Doesn't, New York 2013. Papernow beruft sich auf die aktuelle Forschung, eine große Vielfalt klinischer Verfahrensweisen sowie auf 30 Jahre klinischer Arbeit mit Mitgliedern von Stieffamilien, um die besonderen Herausforderungen zu beschreiben, mit denen sie konfrontiert sind.

Pittman, Frank: Angenommen mein Partner geht fremd, Stuttgart 1991.
Pittman identifiziert vier grundlegende Muster von Untreue: die Zufallsbegegnung, das gewohnheitsmäßige Flirten, Bruch der Vereinbarungen der Eheleute und die romantische Liebesaffäre. Er diskutiert, wie man den Schaden begrenzen kann, den solche Affären anrichten, und gibt praktische Ratschläge, wie man erreicht, dass eine Ehe (wieder) funktioniert.

Porges, Stephen W.: Die Polyvagal-Theorie und die Suche nach Sicherheit. Traumabehandlung, soziales Engagement und Bindung, Lichtenau 2021.

Porges' Arbeiten auf dem Gebiet der Neurophysiologie sind erhellend und von großer klinischer Bedeutung. Das Buch ist ein Ratgeber zum Verständnis des menschlichen Nervensystems.

Replansky, Naomi: An Inheritance, in: dies., Collected Poems, Boston 2012.

Rogers, Carl R.: Die klientenzentrierte Gesprächspsychotherapie, München 1975.
Unschätzbar.

Rogers, Carl R.: Entwicklung der Persönlichkeit, Stuttgart 1973.

Satir, Virginia: Selbstwert und Kommunikation. Familientherapie für Berater und zur Selbsthilfe, Stuttgart 2011.

Satir, Virginia: Kommunikation ist ein riesiger Regenschirm, der alles umfasst, was unter Menschen vor sich geht, Stuttgart 2018.

Schwartz, Richard C.: Kein Teil von mir ist schlecht. Mit dem Modell des inneren Familiensystems (IFS) Trauma heilen und zur Ganzheit zurückfinden, Freiburg i. Brsg. 2022.
Das brillante theoretische Modell des »Systems der inneren Familie« von Schwartz zu verstehen, war für mich über Jahrzehnte von unschätzbarem Wert für meine Arbeit. Ich hoffe, dass Therapeutinnen und Therapeuten sich die Zeit nehmen, mehr über dieses Modell zu erfahren. Wir bestehen alle aus verschiedenen »Teilen«. Es ist ein erstaunlicher Heilungsprozess, den Klientinnen und Klienten zu helfen, diese Teile zu verstehen und sich mit ihnen anzufreunden.

Siegel, Daniel J.: Wie wir werden, die wir sind, Paderborn 1999.

Siegel, Daniel J.: Handbuch der Interpersonellen Neurobiologie. Ein umfassender Leitfaden zum Verständnis der Funktion von Gehirn und Geist, Freiburg i. Brsg. 2015.

Tatkin, Stan: We Do. Saying Yes to a Relationship of Depth, True Connection, and Enduring Love, Louisville (CO) 2018.

Tatkin setzt auf den Erfolg einer Beziehung, in der sich die Partner so umeinander kümmern, dass sich beide zu jeder Zeit sicher, geschützt, akzeptiert und gut aufgehoben fühlen. Das Buch ist ein großartiger Leitfaden für Paare, die herausfinden wollen, ob sie zueinander passen und wie sie zu einem »Wir« kommen können.

Waldinger, Robert: What Makes a Good Life? Lessons from the Longest Study on Happiness, 25.1.2016; TED video, 12:46, youtube.com/watch?v=8KkKuTCFvzI.

Walther, George: Sag, was du meinst, und du bekommst, was du willst, Düsseldorf/Wien 1997.

Watzlawick, Paul / Weakland, John H. / Fisch, Richard: Lösungen. Zur Theorie und Praxis menschlichen Wandels, Bern 1992.

Watzlawick, Paul / Bavelas, Janet Beavin / Jackson, Don D.: Menschliche Kommunikation, Bern 2017.

Wells, Rebecca: Divine Secrets of the Ya-Ya-Sisterhood, New York 1996; Die göttlichen Geheimnisse der Ya-Ya-Schwestern. München 2002.

Das Buch wurde 2002 in den USA verfilmt (Regie: Callie Khuori, Sandra Bullock als Siddalee).

Yalom, Irvin: Die Liebe und ihr Henker. Und andere Geschichten aus der Psychotherapie, München 1990.

Der große Therapeut und Buchautor Irvin Yalom beschreibt in seinem Bestseller-Klassiker seine manchmal tragischen, manchmal inspirierenden und immer fesselnden Begegnungen mit Patientinnen und Patienten.

Register